공항에서 일주일을

공항에서 일주일을
히드로 다이어리

알랭 드 보통

정영목 옮김

도서출판
청미래

A WEEK AT THE AIRPORT : A Heathrow Diary
by Alain de Botton

Copyright © Alain de Botton, 2009
Photographs © Richard Baker, 2009
All rights reserved.
Korean translation copyright © Cheongmirae Publishing Co., 2009
Korean translation rights arranged with United Agents Limited through EYA(Eric Yang Agency).

이 책의 한국어판 저작권은 EYA(Eric Yang Agency)를 통해서 United Agents Limited와 독점계약한 도서출판 청미래에 있습니다. 저작권법에 의하여 한국 내에서 보호를 받는 저작물이므로 무단전재 및 복제를 금합니다.

공항에서 일주일을 : 히드로 다이어리

저자 / 알랭 드 보통
역자 / 정영목
발행처 / 도서출판 청미래
발행인 / 김실
주소 / 서울시 용산구 서빙고로 67, 파크타워 103동 1003호
전화 / 02 · 739 · 1661
팩시밀리 / 02 · 723 · 4591
홈페이지 / www.cheongmirae.co.kr
전자우편 / cheongmirae@hotmail.com
등록번호 / 1-2623
등록일 / 2000. 1. 18
초판 1쇄 발행일 / 2009. 12. 28
　　15쇄 발행일 / 2020. 9. 21

값 / 뒤표지에 쓰여 있음

ISBN 978-89-86836-39-4 03840

솔에게

차 례

I 접근   9
II 출발   19
III 게이트 너머   91
IV 도착   171

   감사의 말   211
   옮기고 나서 213

I 접근

1. 보통 좋은 여행이라고 하면 그 핵심에는 시간이 정확하게 맞아 들어간다는 점이 자리하기 마련이지만, 나는 내 비행기가 늦어지기를 갈망한 적이 한두 번이 아니다. 그래야 어쩔 수 없는 척하며 조금이라도 더 공항에서 뭉그적거릴 수 있으니까.

이런 갈망을 다른 사람들에게 털어놓는 적은 거의 없지만, 나는 속으로는 유압 착륙장치가 새거나 비스케이 만에 태풍이 불기를, 말펜사 공항에 안개가 잔뜩 끼거나 말라가 공항(업계에서는 지중해 서부 상공의 넓은 부분의 공정한 통제만큼이나 격렬한 노사관계로도 유명하다)의 관제탑에 자체 파업이 벌어졌기를 은근히 바라곤 했다. 이따금씩은 심지어 비행기 도착이 아주 심하게 늦어져서 식사 쿠폰을 받거나, 아니면 더 극적으로, 항공사가 부담하는 비용으로 거대한 콘크리트 크리넥스 상자 같은 곳에서 하룻밤을 보내기를 바라기도 했던 것이다. 창문은 열리지 않고, 복도에는 노스탤지어를 불러일으키는 프로펠러 비행기 사진이 걸려 있으며, 폼 베개에서는 등유 냄새가 아련하게 나는 곳에서.

2009년 여름, 공항을 소유한 회사에서 일을 하는 어떤 사람으로부터 전화 한 통을 받았다. 이 회사는 사우샘프

턴, 애버딘, 히드로, 나폴리 공항들을 좌지우지했으며, 보스턴 로건 공항과 피츠버그 국제공항의 점포들을 관리했다. 뿐만 아니라 폐기물 회사 세스파, 폴란드의 건설 그룹 부디멕스, 스페인의 유료 도로 회사 아우토피스타 등 유럽 문명이 의존하고 있는 산업 기반시설의 큰 부분(그러나 우리 개인들은 비아위스토크에서 욕실을 쓸 때나 카디스에서 차를 빌려 운전할 때도 신경을 쓸 일이 없는 부분)을 통제했다.

전화를 건 사람은 자신의 회사가 최근에 문학에 관심을 가지게 되어, 런던에서 가장 큰 공항의 두 활주로 사이에 자리잡은 최신 탑승객 허브인 터미널 5에 작가 한 명을 일주일 동안 초대하기로 결정했다고 말했다. 이름도 멋지게 히드로의 첫 상주작가로 불릴 이 작가는 공항 시설의 전체적 느낌을 살핀 뒤, 출발 대합실의 D 구역과 E 구역 사이에 특별히 배치한 책상에서 탑승객과 직원들이 지켜보는 가운데 책을 쓰기 위한 자료를 모으게 될 것이라는 이야기였다.

이 정신 없는 시대에 보통의 경우라면 항공기 착륙 요금이나 유실물 관리에 노력을 집중해야 할 다국적 기업이 이런 드높은 예술적 야망에 기초한 기획을 승인할 만큼 문학이 높은 지위를 누릴 수 있나 싶어 놀랍기도 하고 감동적이기도 했다. 그 사람이 전화로 나에게 매혹적인 만큼이나 막연한 서정적 태도로 말했듯이, 어쩌면 세상에는 오직 작가만이 적당한 언어를 찾아 표현할 수 있는 면들이 여전히 많이 남아 있는 것인지도 몰랐다. 번쩍거리는 마케팅 팸플릿은 어떤 맥락에서는 대단히 효과적인 소통의 수단이 되었겠지만, 한 작가의 목소리에 의해서 이루어질 수 있는 진정성까지는 늘 전달하지 못할지도 모른다. 또는, 내 친구가 훨씬 더 간결하게 표현했듯이, 그런 팸플릿은 사람들이 만만하게 "허튼 소리"로 치부해버릴 수 있을지도 모른다.

2. 상업 세계와 예술 세계는 불행한 동반관계인 경우가 많아 서로 강한 의심과 경멸이 섞인 태도로 바라보기 일쑤이지만, 전화를 건 사람의 회사가 출구 게이트 안쪽에서 푸드 코트를 관리하고 지구의 평균 기온을 높이는 데 일조할 가능성이 높은 테크놀로지를 운용한다는 이유만으로 그 사람의 제안을 검토조차 하지 않겠다고 거부하는 것은 너

무 야박하다는 느낌이 들었다. 물론 오래된 마을에 시멘트를 쏟아붓고자 하는 욕망을 때때로 느끼기도 하고, 또 우리가 조니 워커와 영국 왕실 근위병 차림의 장난감 곰이 든 가방을 들고 지구를 돌며 불필요한 여행을 하도록 부추기는 데 솜씨를 발휘하기도 하는 회사이니만큼, 감추고 싶은 비밀이 없을 리 없었다.

그러나 나라고 해서 감추고 싶은 비밀이 없는 사람은 아니니 내가 심판을 할 입장은 아니었다. 나는 전장이나 시장에서 축적되는 돈도 고상한 미학적인 목적을 향하여 정정당당하게 방향전환을 할 수 있다는 사실을 알고 있었다. 내 머릿속에는 아테나에게 바치는 신전을 짓는 데에 전리품을 사용한 고대 그리스의 조급한 정치가들, 유쾌한 얼굴로 봄을 기념하는 섬세한 벽화를 그리게 하던 무자비한 르네상스 귀족들이 떠올랐다.

게다가 재미없는 이야기이기는 하지만, 테크놀로지의 변화는 작가들이 폭넓은 공중에게 자신의 작품을 팔아 생존할 수 있었던 길고도 행복한 막간을 끝내고, 개별 후원자의 선물에 불안하게 의존하는 상황이 재현될 것이라고 위협하고 있었다. 나는 공항에 고용된다는 것이 도대체 어떤 상태일까 곰곰이 생각해보다가, 애처로운 낙관주의에 매달려 17세기의 철학자 토머스 홉스의 예를 떠올려보았다. 그는 데번셔 백작들의 돈을 받아 책을 쓰는 것을 대수롭지 않게 생각하여, 자신의 논문에서 그들에게 화려한 헌사를 바쳤으며, 심지어 더비셔에 있는 그들의 저택 하드윅 홀의 현관 옆에 있는 작은 침실을 선물로 주어도 받아들였다. 영국에서 가장 명민하다고 손꼽히는 이 정치 이론가는 1642년에 『시민론(De Cive)』을 거만한 윌리엄 데번셔에게 증정하면서 이렇게 썼다. "각하께 삼가 제 책을 바칩니다. 하늘의 하느님께서 각하의 이 땅의 삶에 많은 날을 내려주시고, 하늘의 예루살렘에서 더 많은 날을 내려주시기를 기원합니다."

이와는 대조적으로 히드로의 소유주이며 BAA 사의 최고경영자인 나의 후원자 콜린 매튜스는 부담이 없는 고용주였다. 그는 나에게 아무런 요구를 하지 않았다. 헌사도. 심지어 다음 세상에서 그가 맞이할 미래에 대한 절제된 언급조차도. 나아가 그의 직원은 공항의 여러 사업에 관하여 귀에 거슬리는 이야기를 해도 좋다고 분명히 확인까지 해주었다.

그렇게 속박이 사라지자, 꼭 부유한 상인이 예술가와 관계를 맺으면서 그가 무법자처럼 행동하는 것에 만반의 대비를 하던 전통의 혜택을 받는 느낌이었다. 그는 예의범절을 기대하지 않는다. 자신이 총애하는 개코원숭이 같은 인간이 보나마나 자기 도자기를 깰 것임을 알고 있고 또 그 생각에 은근히 기뻐한다. 그런 관용이야말로 권력의 궁극적 증거이니까.

3. 어쨌든 나의 새 고용주는 자신의 터미널을 당연히 자랑스러워했으며, 이해할 만한 일이지만, 그 아름다움을 노래할 방법을 찾느라고 매우 열심이었다. 물결이 이는 듯한, 유리와 강철 구조물은 이 나라에서 가장 거대한 건물로, 높이는 40미터, 길이는 400미터에 이른다. 축구장 네 개가 들어갈 만한 크기인 것이다. 그런데도 어떤 뛰어난 지능을 가진 존재가 복잡한 것들을 힘 하나 안 들이고 주물러놓은 듯, 전체적으로 가뿐하고 편안한 느낌이 쭉 이어지고 있었다. 깜빡이는 루비 같은 불빛들은 어스름이면 윈저 성에서도 보인다. 터미널은 현대의 희망에 형태를 부여하고 있었다.

테크놀로지가 구현한 아름다움을 갖추고 있는 값비싼

대상 앞에 서 있다 보면, 경외감이 찾아올 가능성을 거부하고 싶은 유혹을 나는 느끼기도 한다. 거기에 감탄하다가 멍청해질까 걱정이 되기 때문이다. 건축과 공학에 지나치게 감명을 받을 위험, 운전사도 없이 보조 비행장들 사이를 오가는 봄바디어 사의 열차나 서울로 가는 보잉 777기의 복합재료 날개에 가볍게 매달린 제너럴 일렉트릭 GE90 엔진들에 입이 떡 벌어질 위험에 처했다고 느낄 수도 있을 것이다.

그러나 절대로 경외감을 느끼지 않겠다는 것도 결국은 또다른 종류의 어리석음에 불과할 수 있을 것이다. 혼돈과 불규칙성이 가득한 세계에서 터미널은 우아함과 논리가 지배하는 훌륭하고 흥미로운 피난처로 보인다. 공항 터미널은 현대 문화의 상상력이 넘쳐나는 중심이다. 만약 화성인을 데리고 우리 문명을 관통하는 다양한 주제들 — 테크놀로지에 대한 우리의 신앙에서부터 자연 파괴에 이르기까지, 우리의 상호 관계성에서부터 여행을 로맨틱하게 대하는 태도에 이르기까지 — 을 깔끔하게 포착한 단 하나의 장소에 데려가야 한다면, 우리가 당연히 가야 할 곳은 공항의 출발과 도착 라운지밖에 없을 것이다. 결국 공항에서 좀더 시간을 보내면 어떻겠느냐는 특별한 제안이 내게 왔을 때, 그 제안을 받아들이지 말아야 할 이유는 바닥이 나고 말았다.

II 출발

1. 일요일 초저녁, 센트럴 런던에서 기차를 타고 공항에 도착했다. 손에는 바퀴가 달린 작은 가방 달랑 하나뿐. 일주일 동안 다른 목적지는 없었다. 내가 배정받은 숙소는 소피텔 호텔 체인의 터미널 5 전진기지였다. 이 호텔은 공항의 직접 소유는 아니지만 거리는 불과 몇 미터에 불과하며, 지붕이 있는 일련의 보도로 호텔과 연결되어 있었다. 마치 작은 우주선이 공급선으로 모선과 연결되어 있는 것 같았다. 두 건물에는 유약을 바른 표면, 거대한 화분 식물, 회색 타일의 반복사용을 특징으로 하는 공통의 건축 언어가 사용되고 있다.

호텔은 내부의 아트리움을 가운데 두고 서로 마주 보는 객실 605개를 자랑하지만, 이 호텔 사업의 핵심은 숙박업이 아니라 45개의 회의실에서 지속적으로 열리는 회의나 대회를 관리하는 데 있다는 것이 곧 분명해졌다. 회의실에는 세계 여러 지역의 이름을 붙여놓았으며, 데이터 포인트와 랜 시설을 갖추었다. 8월의 일요일이 저무는 이 시간에 두바이 룸에서는 에이비스 유럽, 도쿄 홀에서는 영국 엘리베이터 산업협회인 리프텍스가 회의를 하고 있었다. 가장 큰 모임은 아테네 시어터에서 열렸는데, 이곳에서는 다양한 산업장비들 사이의 비호환성을 제거하는 일을 하는 단

체인 국제표준화기구(ISO)가 주관하는 밸브 규격에 관한 회의가 끝나가고 있었다. 이제 리비아 정부가 이 협정을 존중하기만 하면, ISO의 20년 노고 덕분에, 곧 어댑터 플러그를 챙길 필요 없이 아가디르에서 엘구나까지 북아프리카를 가로지를 수 있을 터였다.

2. 나에게 주어진 방은 건물의 맨 꼭대기 층 서쪽 구석이었다. 이곳에서는 터미널의 측면 그리고 북쪽 활주로 끝을 표시하는 일련의 빨간색과 흰색 불빛이 보였다. 유리 하청 업체가 최선의 노력을 기울였겠지만, 그래도 매분 이륙하는 비행기의 굉음이 들렸다. 수백 명의 승객들이 땅에 기반을 둔 우리 종의 기원에 대한 계산된 도전에 참여하는 소리였다. 어떤 사람은 파트너의 손을 잡기도 하고, 어떤 사람은 자신만만하게 『이코노미스트』지를 넘기기도 할 터였다. 항공 설비 제조업체로부터 돌풍 탐지 레이더와 충돌 회피 시스템 설치를 책임지는 허니웰 사의 엔지니어들에 이르기까지 수백 명의 일치된 노력 덕분에 비행기는 매번 그런 도전에 성공할 수 있었다.

호텔 방은 항공기의 비즈니스 클래스 객실에서 디자인의 실마리를 얻은 듯했다. 물론 어느 쪽이 어느 쪽에 영감을 주었는지, 즉 방이 교묘하게 객실처럼 보이도록 노력을 한 것인지, 아니면 객실이 방처럼 보이도록 노력을 한 것인지는 잘 모르겠지만. 아니면 그냥 둘 다 자신들의 시대의 무의식적 정신을 공유한 것일까. 18세기 중반 이브닝드레스의 레이스 장식과 조지 왕조 시대의 타운하우스 전면의 쇠 세공장식 사이에 확보되었던 연속성 비슷한 것이 느껴졌다. 이 공간은 안에 들어온 사람이 조정 가능한 스크린으로 영화를 골라 보다가 실내 온도 조절장치의 윙윙거리는 소리를 들으며 잠이 드는 순간, 첵랍콕 공항으로 마지막 하강을 할 때 깨어날지도 모른다는 희망을 품게 해준다.

나의 고용주는 일주일의 체재 기간에 공항의 큰 테두리를 벗어나지 말라고 명령하면서, 터미널의 식당들 가운데 골라서 식사를 할 수 있는 쿠폰뿐만이 아니라, 호텔에서 저녁을 두 번 주문할 권한도 주었다.

어떤 언어의 문학작품에도 룸서비스 메뉴만큼 시적인 것은 찾아보기 힘들다.

가을 돌풍이
아사마 산 위
돌들을 따라 불어간다

일본 에도 시대에 하이쿠 형식을 완숙 단계로 끌어올린 마쓰오 바쇼의 이런 시구조차 소피텔의 케이터링 사업부 어딘가에서 일하는 익명의 장인이 지은 시구에 비하면 단조롭고 환기하는 힘이 떨어지는 느낌이다.

햇볕에 말린 크랜베리를 곁들인 연한 채소,
삶은 배, 고르곤촐라 치즈
진판델 비네그레트 소스로 무친 설탕 절임 호두

메뉴 가운데 약간 소외된 듯이 보이는 몇 가지 음식을 팔 수 있는 가능성이 과연 얼마나 되는지 주방이 정확하게 이해하고 있을까? 예를 들면 엘리베이터 산업에 종사하는 투숙객 가운데 몇 명이 "도톰한 망고를 얹고 레몬 후추를 뿌려 풍미를 돋운 대서양 참돔"이나 늘 신비에 싸여 있고 약간은 우울한 느낌까지 주는 "오늘의 주방장 수프"에 유혹을 느낄까. 하지만 결국 음식물의 공급을 조정하는 일에

는 특별한 과학이 필요 없는 것인지도 몰랐다. 호텔에서 하룻밤을 보내면서 클럽 샌드위치 이외의 것을 주문하는 일은 드물기 때문이다. 이 샌드위치는 전성기의 바쇼라고 해도 메뉴를 쓴 사람만큼 설득력 있게 묘사를 하려면 땀깨나 흘렸을 것이다.

> 석쇠에 구운 따뜻한 치킨 조각,
> 훈제 베이컨, 아삭아삭한 상추,
> 바다 소금을 뿌린 감자 튀김 위에 따뜻한 치아바타 롤

수화기를 들어 9번을 누르고 주문을 넣은 지 불과 20분 만에 문을 두드리는 소리가 들렸다. 두 성인 남자가 묘하게 만나는 순간이었다. 한 사람은 객실에 비치된 드레싱가운 밑은 알몸이었다. 또 한 사람(에스토니아의 작은 도시 라크베레에서 영국에 온 지 얼마 되지 않았으며, 근처 힐링던에서 네 명과 방 하나를 함께 쓰고 있었다)은 검은색과 흰색으로 이루어진 제복에 앞치마를 두르고 명찰을 달고 있었다. 이렇게 만난 뒤에 벌어지는 의식에 주목할 만한 점이 전혀 없다고 생각하기는 어렵다. 한 사람은 늘 하는 말처럼 약간 짜증스럽게, "텔레비전 옆에" 하고 내뱉으

면서 계속 서류를 정리하는 척한다. 이런 능력은 국제적 회의에 참가하는 횟수가 늘어날수록 발전한다고 생각해도 좋을 것이다.

전에 채널 뉴스 아시아에서 일했지만 현재는 싱가포르 CNBC에서 일하고 있는 클로이 조와 식사를 했다. 그녀는 지역 시장 동향과 삼성의 사분기 전망을 이야기해주었다. 그러나 그녀가 지속적으로 관심을 쏟는 부문은 1차 상품이었다. 나는 클로이의 일 이외의 관심이 무엇일지 궁금했다. 그녀는 카멜 수녀회의 수녀 같았다. 꾸미지 않은 머리와 집중하는 표정 뒤에도 이따금씩은 의심의 순간들이 있을 것이라고 짐작해볼 따름이었는데, 힘주어 부인하는 태도 때문에 그런 부분이 더욱 흥미롭게 느껴졌다. 나는 스크린 하단을 가로지르는 주식 시세 정보 띠에서 나의 고용주의 주가를 발견했는데, 그것은 하향 곡선을 가리키고 있었다.

식사 후에도 여전히 실내는 더웠고 밖은 아직 깜깜하지 않았다. 나는 얼마 남지 않은 들을 거닐고 싶었다. 60여 년 전 공항을 지을 때 이곳이 밭이었음을 보여주는 흔적이었다. 그러나 건물을 떠나는 것이 위험하고 또 불가능한 일로 여겨졌기 때문에, 그냥 호텔 복도를 몇 바퀴 돌기로 했다. 마치 풍랑이 이는 바다 위를 떠가는 유람선을 탄 것처

럼 속이 느글거리고 방향을 잘 찾을 수가 없었다. 몇 번이나 합성물질로 만든 벽을 짚고 속을 가라앉혀야 했다. 가는 길에 내 것과 같은 룸서비스 쟁반 수십 개를 지나쳤다. 모두 뭔가를 감추는 듯이 한 켠에 밀어놓았으며, 거의 전부가 (스테인리스스틸 덮개를 들어보면) 난잡한 소비가 이루어진 증거를 제공했다. 토스트 조각을 가로질러 번진 케첩과 비네그레트 소스에 담근 달걀 프라이는 금기가 깨져나갔음을 말해주고 있었다. 호텔 방에 혼자 거주하는 동안 성적인 금기는 그보다 더 자주 깨져나간다고들 하지만.

나는 11시에 잠이 들었지만 3시 직후에 갑자기 잠을 깼다. 정신 가운데 선사시대에 속한 부분, 즉 나무에서 나는 모든 날카로운 소리에 귀를 기울이고 그것을 해석하도록 훈련된 부분이 자기 의무를 이행하여, 건물의 미지의 영역에서 문이 쾅 닫히는 소리나 변기에 물이 내려가는 소리에 반응을 한 것이다. 호텔과 터미널은 방진(方陣)을 이룬 채 천천히 회전하는 배기 팬으로 으스스하게 웅웅거리는 소리를 발산하며 늘 대기 상태로 긴장하고 있는 거대한 기계처럼 보였다. 호텔의 스파가 떠올랐다. 그 뜨거운 욕조는 지금도 어둠 속에서 부글거리고 있겠지. 화학물질을 풀어놓은 듯한 주황색 하늘은 저녁에 아시아로 가는 비행기들

을 삼킨 뒤부터 이어져온 짧은 통행금지의 마지막 시간을 보내고 있었다. 터미널 측면에서 영국항공(British Airways : BA)의 에어버스 A321기는 몸통을 감추고 꼬리만 쑥 내민 채, 성층권 하층의 무자비한 추위를 가로지를 또 한 번의 임박한 오디세이를 기다리고 있었다.

3. 나의 혼란스러운 밤에 종지부를 찍은 것은 결국 오전 5시 30분 도착 예정인 비행기(홍콩발 BA편이었다)였다. 나는 샤워를 하고 주차장 자동판매기에서 산 프루트 바를 먹으며 어슬렁어슬렁 터미널 옆의 전망대로 걸음을 옮겼다. 구름 한 점 없는 새벽하늘에 한 알의 다이아몬드로 보이는 비행기들이 학교에서 단체 사진을 찍는 학생들처럼 들쭉날쭉하게 각기 다른 높이에 줄을 서서 북쪽 활주로를 향하여 마지막 하강을 할 차례를 기다리고 있었다. 날개들은 묘하게 펼쳐져, 크기가 일정하지 않은 강철 빛깔의 판들을 상상하기 힘든 방식으로 정교하게 배치해놓은 것처럼 보였다. 샌프란시스코나 뭄바이에서 마지막으로 땅을 디뎌본 뒤로 오랫동안 공중에서만 지내온 바퀴들은 활 모양으

로 구부러져 머뭇머뭇 느리게 내려오는 바람에 꼭 정지해 있는 것 같았다. 그러나 이제 곧 비행기의 속도와 무게를 깨닫게 해주는 연기를 폭발적으로 피워올리며 영국의 활주로에 고무자국을 남길 터였다.

하늘의 손님들은 짐짓 날카롭게 엔진 소리를 으르렁거리며 가정적인 영국의 아침이 졸음을 빨리 떨치지 못한다고 책망하는 듯했다. 아직 잠이 덜 깬 가정을 방문한 배달사원이 앙심을 품고 일부러 끈질기게 초인종을 눌러대는 것처럼. 그들 주위의 M4 도로 주변 지역은 내키지 않는 표정으로 잠에서 깨어나고 있었다. 레딩에서는 주전자 스위치를 올리고, 슬라우에서는 셔츠에 다림질을 하고, 스테인즈에서는 탱크엔진 토머스가 그려진 오리털 이불 밑에서 아이들이 기지개를 켜고 있었다.

그러나 비행장으로 다가오는 747기의 승객들에게는 하루가 이미 오래 전에 시작되었다. 많은 사람들이 몇 시간 전에 일어나 자신들을 태운 비행기가 스코틀랜드 북단의 서소 상공을 가로지르는 것을 보았을 것이다. 서소는 런던 교외에 사는 사람들에게는 세상 끝이나 다름없지만, 캐나다의 얼음으로 덮인 땅과 달빛이 비치는 북극을 가로질러 밤새 여행을 한 사람들에게는 목적지의 문간이다. 비행기가 왕국의 등뼈를 따라 내려가면서 아침식사도 나올 것이다. 에든버러 상공에서는 콘플레이크가 든 작은 상자를 뜯느라 고생을 할 것이고, 뉴캐슬 근처에서는 빨간 고추와 버섯이 박힌 오믈렛을 먹고, 무심한 요크셔 데일스 상공을 지날 때는 묘하게 생긴 과일 요구르트를 한 숟가락 찔러볼 것이다.

영국항공 비행기들에는 터미널 5에 다가가는 것이 본거지로 돌아오는 것이나 다름없다. 18세기에 바다를 떠돌던 선배들이 플리머스 해협을 따라 마지막 구간을 항해하는 것과 같다. 이들은 오헤어 공항이나 로스앤젤레스 공항에서는 외딴 곳에 불편한 자리를 배정받아 오랫동안 낯선 격납고 앞에서 손님 노릇을 하며 앉아 있었다. 무례하다는 느낌이 들 정도로 자기들끼리만 길게 늘어선 유나이티드나 델타 항공의 비행기들 옆에서 짝을 잃고 외떨어진 존재들 같았다. 그러나 이제 그들 자신이 보조 비행장 B의 뒤편을 따라 완벽한 대칭을 이룬 채 줄지어 서서 수적 우위를 과시할 때가 왔다.

얼마 전까지만 해도 세계 전역에 흩어져 있던 747기 형제들이 이곳에 와서 날개 끝이 닿을 듯이 나란히 서 있다. 요하네스버그 옆에 델리가, 시드니 옆에 피닉스가 있다.

여러 대가 반복해서 같은 형태를 보여주자 동체 디자인이 새로운 아름다움을 드러낸다. 눈은 15대가 넘는 돌고래 모양의 몸통들이 그리는 선을 따라 일련의 동일한 모티프들을 따라가볼 수 있었다. 그로 인한 미학적 효과는 각 비행기 한 대당 가격이 2억5,000만 달러 정도 한다는 사실, 따라서 우리 앞에 있는 것이 현대의 기세당당한 기술적 지성의 상징일 뿐만 아니라 상상도 할 수 없는 엄청난 부의 상징이기도 하다는 사실을 알게 되면 더 강렬해질 뿐이다.

모든 비행기가 할당된 게이트를 향해 자리를 잡으러 가면서 안무에 따른 춤이 시작되었다. 승객용 통로가 앞으로 굴러오더니, 앞의 왼쪽 문에 머뭇머뭇 고무 입을 맞추었다. 지상 근무원 한 명이 창문을 두드리자, 안에 있던 동료가 에어 로크를 풀었다. 두 항공사 직원은 마치 점심식사를 마치고 나란히 위치한 자리로 돌아온 사무실 직원들처럼 가벼운 인사를 나누었다. 지구 반대편에서부터 1만1,000킬로미터를 날아온 긴 여행을 끝마친 사람에게 어울릴 법한 찬사는 찾아볼 수 없었다. 사실 앞으로 100년 뒤, 한낮의 기괴한 핏빛으로 물든 화성 사이도니안 언덕의 우주공항에서 9개월을 여행한 끝에 방금 도킹한 우주선의 금빛 창문을 두드리는 사람도 동료들을 호들갑스럽게 환영할

것 같지는 않다.

    화물 담당 직원들이 아르헨티나산 얼린 소고기 옆구리살과 하루 전에 부주의하게 낸터컷 해협을 가로지르던 갑각류의 깔쭉깔쭉한 형체가 가득 찬 상자들을 내리려고 화물칸을 열었다. 이제 불과 몇 시간 뒤면 비행기는 다시 하늘로 올라갈 것이다. 지상 근무원들은 날개에 연료 호스를 가져다붙이고, 탱크에 아프리카 대초원 상공을 날아가며 꾸준히 연소될 제트 A-1을 다시 채웠다. 이미 텅 비어 있는 앞쪽 객실 — 그곳의 팔걸이 의자에 앉아 등받이를 뒤로 기울인 채 밤을 보내려면 작은 자동차 한 대를 살 만큼의 돈을 내야 할지도 모른다 — 에서는 청소부들이 허리를 구부리고 돌아다니며 비행기에 탔던 자산가나 배우들이 두고 간 경제 주간지, 반쯤 먹은 초콜릿, 쭈그러진 폼 귀마개를 주웠다. 승객들은 비행기에서 내렸다. 그들은 이 평범한 영국의 아침에서 어쩐지 초자연적인 듯한 분위기가 느껴진다고 생각할지도 몰랐다.

4. 터미널의 앞의 하차장에 멈추는 차들의 수가 점점 늘어

났다. 빡빡하게 협상한 요금을 치른 녹슨 소형 택시들 옆에는 근육질의 리무진들이 서 있었다. 언짢은 표정으로 리무진의 단단한 문에서 내린 사람들은 빠른 속도로 중요인사 통로로 사라졌다.

이곳에서 시작되는 여행들 가운데 일부는 불과 며칠 전에 결정된 것이다. 뮌헨이나 밀라노 지사에서 빠르게 전개되는 상황에 대응하여 예약을 한 경우도 있다. 어떤 여행은 카슈미르 북부에 있는 고향 마을로 돌아갈 날을 3년 동안 괴롭게 기다리다가 맺은 결실이다. 짙은 녹색 옷가방 여섯 개에는 처음으로 만나게 될 어린 친척들에게 줄 선물이 가득하다.

부자일수록 짐이 적어지는 경향이 있다. 그들의 지위와 주로 다니는 여행지 덕분에 이제는 어디에서나 무엇이든 살 수 있다는, 눈에 자주 띄는 경구를 지지하는 사람들이 되었기 때문이다. 그들은 아마 가나 아크라의 텔레비전 소매점에는 한번도 가본 일이 없을 것이다. 만일 가보았다면 사람이 들어간 관과 무게나 크기가 비슷한 삼성 PS50 고화질 플라즈마 텔레비전을 구입해가는 가나 가족의 결정을 우호적인 눈으로 바라보았을 것이다. 이 제품은 전날 할로의 커밋 지점에서 구한 것이며, 아크라의 키세만 지구에서

는 지금 이것이 오기를 고대하고 있다. 그곳에서 이 텔레비전은 이것을 사서 들여온 에핑의 서른여덟 살 먹은 운송 대리점 기사의 특별한 지위의 증거물이 되어줄 터였다.

출발 라운지의 거대한 공간은 현대 세계 운송의 중심답게 신중하게 사람들을 관찰할 기회, 타자의 바다에서 자신을 잊을 기회, 눈과 귀가 제공하는 무한한 이야기의 단편들을 바탕으로 상상을 펼칠 기회를 예고했다. 공항 천장의 튼튼한 강철 버팀대들을 보면, 19세기 커다란 기차역의 비계를 떠올리며 경외감을 맛보게 된다. 모네의 「생 라자르 역」과 같은 그림에 나타나는 그 경외감은 이런 강철 팔다리로 이루어진 빛이 가득한 공간, 그것도 낯선 사람들이 가득한 공간에 처음 발을 딛는 수많은 사람들이 경험했을 것이다. 이런 건물에 들어오면 사람들은 인류가 거대하고 다양하다는 사실을 단지 머리로 이해하는 것이 아니라, 본능적으로 느낄 수 있다.

지붕의 무게는 1만8,000톤이다. 그러나 그것을 받치는 강철 기둥들은 자신들이 받는 압력을 거의 느끼지 않는 듯하다. 이 기둥들은 우리가 우아함이라고 부르는, 아름다움의 하위범주에 속하는 자질을 갖추었으며, 이런 자질은 건축물이 겸손하게도 자신이 극복한 어려움을 내세우고 싶

어하지 않는 곳에서 눈에 띄곤 한다. 끝으로 갈수록 가늘어지는 이 기둥들의 목 위에 400미터 길이의 지붕이 균형을 잡고 있는데, 마치 아마포로 만든 차일이 사뿐하게 얹혀 있는 듯하다. 모름지기 짐이란 이렇게 지고 살아가야 한다는 것을 우리에게 비유적으로 보여주는 것이다.

탑승객들 대부분은 라운지 중앙에 한 줄로 늘어서 있는 자동 체크인 기계들로 향했다. 이 기계들은 인간의 손을 벗어나 로봇을 향해 나아가는 획기적인 전환을 상징한다. 항공 운송이라는 맥락에서 벌어지는 이런 변화는 가정의 영역과 비교하자면 빨래판이 세탁기로 바뀌던 과정과 비슷한 의미가 있다. 그러나 컴퓨터가 요구하는 정확한 순서대로 카드와 암호를 집어넣을 수 있는 사용자는 거의 없는 것 같았다. 컴퓨터는 사소한 잘못

에도 느닷없이 야박한 오류 메시지를 내보냈다. 그 때문에 승객들은 아무리 무뚝뚝해도 좋으니 인간이 돌아와주기를 갈망하게 된다. 인간에게는 적어도 이론적으로라도 이해나 용서를 받을 가능성이 늘 있기 때문이다.

  터미널에는 곧 하늘로 올라갈 비행기의 여행일정을 알리는 스크린들이 일정한 간격을 두고 서 있다. 의도적으로 직공 같은 느낌을 주는 글자체를 사용한 이 스크린처럼 공항의 매력이 집중된 곳은 없다. 이 스크린은 무한하고 직접적인 가능성의 느낌을 내포하고 있다. 우리가 충동적으로 매표구에 다가가, 몇 시간 안에 창에 셔터를 내린 하얀 회반죽 집들 위로 기도 시간을 알리는 외침이 울려퍼지는 나라, 우리가 전혀 모르는 언어를 사용하는 나라, 우리가 누구인지 아무도 모르는 나라로 떠나는 일이 얼마나 쉬운지 보여주기 때문이다. 목적지의 세부 정보가 없다는 사실 때문에 오히려 초점이 맞지 않은 노스탤지어와 갈망의 이미지들이 흔들리며 떠오르기 시작한다. 텔아비브, 트리폴리, 상트페테르부르크, 마이애미, 아부다비 경유 무스카트, 알제, 나소 경유 그랜드 케이만……밀실공포증과 정체의 느낌이 닥쳐오는 순간마다 우리가 매달리는 다른 삶에 대한 이 모든 약속들.

5. 체크인 구역에는 전통적인 직원용 책상이 놓여 있는 곳이 아직은 몇 군데 남아 있다. 이곳에서 승객들은 처음부터 살아 있는 존재와 상호작용을 할 수 있다는 점에 안심한다. 이 상호작용의 질을 책임지는 사람은 다이앤 네빌이다. 그녀는 15년 전 학교를 졸업한 후로 영국항공에서 근무했으며, 지금은 탑승권을 배부하고 수하물 딱지를 붙이는 약 200명의 직원을 감독하고 있다.

다이앤은 그녀의 항공사에 대한 평가가 직원들의 기분에 얼마나 쉽게 좌우되는지 잘 알고 있다. 창가 자리를 정중하게 부탁했다가 배정된 자리에 만족하고 그냥 가라는 무뚝뚝한 훈계를 들은 승객은 집으로 돌아가면서 비행기가 무사히 도착했다거나 수하물 찾는 곳에서 몇 분 기다리지도 않아 가방이 금방 나왔다는 사실 같은 것은 다 잊어버린다. 체크인 팀 소속 직원의 그런 쌀쌀맞은 대꾸는 아마 존재 자체가 본질적으로 모욕적이고 부당하다고 느낀 데서 나왔을 것이다(어쩌면 심한 두통을 동반한 감기에 걸렸거나 나이트클럽에서 실망스러운 저녁을 보내고 와서 기분이 가라앉아 있었기 때문인지도 모른다).

산업화의 초기에는 노동력에 동기를 부여하기가 아주 쉬웠다. 한 가지 기본적인 도구, 즉 채찍만 있으면 그만이

었다. 채찍으로 노동자를 힘껏 후려쳐도 아무 일 없었을 뿐만 아니라, 노동자는 더 열심히 돌을 캐고 노를 저었다. 그러나 일을 하는 사람이 원한을 꾹꾹 누르며 복종하기보다는 스스로 크게 만족해야 제대로 해낼 수 있는 직업들— 21세기 초에는 이런 직업들이 시장을 지배하고 있다— 이 나타나면서 규칙도 바뀌어야 했다. 예를 들면 나이든 승객을 휠체어에 태우고 터미널을 돌아다녀야 하는 사람이나 높은 고도에서 음식을 나누어주어야 하는 사람이 찌무룩하거나 씩씩거려서는 회사에 아무런 이득이 될 것이 없는 상황이기 때문에, 직원들의 정신적 복지가 회사의 최고 목표가 되기 시작한 것이다.

이런 요구에서 관리의 기술, 즉 노동자들에게서 헌신을 강탈하기보다는 살살 달래서 얻기 위한 일군의 관행이 만들어졌다. 영국항공에서는 이것이 정기적인 동기부여 훈련 세미나, 체육관 이용, 무료 식당 등의 형태로 나타났다. 이것은 목표들 중에서도 가장 계획적이고, 비정서적이고, 지속되기 어려운 목표, 즉 친근한 태도를 얻기 위한 것이다.

그러나 서비스가 단순한 능률에 머무느냐 아니면 마음으로 느껴지는 온기 수준으로 올라가느냐를 가르는 것은 있는지 없는지 거의 차이가 느껴지지 않는 약간의 호의이

다. 사실 항공사가 성과급 체계를 아무리 교묘하게 짠다고 하더라도, 직원들이 고객을 대할 때 반드시 이 약간의 호의를 추가하도록 강요할 수 있는 방법은 거의 없다. 능력을 주입할 수는 있지만, 인간애를 법으로 규정할 수는 없다. 바꿔 말하면, 항공사의 생존은 회사로서는 생산하거나 통제할 수도 없고, 또 심지어는 엄격히 말해서, 돈으로 살 수도 없는 특질에 의존하는 셈이다. 이런 특질은 세미나나 직원 혜택에서 나오는 것이 아니다. 25년 전 체셔의 한 집, 두 부모가 자비와 유머로 미래의 직원을 기르던 집을 지배하던 사랑의 분위기에서 나오는 것이다. 그래서 오늘, 그 부모(일반적으로 세계 자본주의의 진정한 인력자원부라고 알려져도 좋을 만한 범주이다)에게 특별히 감사를 하지는 않지만, 이 직원은 필라델피아행 BA 048편을 타려고 게이트로 가는 불안한 학생을 편안하게 다독거려줄 의지와 수단을 갖추게 된 것이다.

6. 그러나 진정한 친근감으로도 늘 충분한 것은 아니다. 나는 한 승객이 어깨에 가방을 메고 도쿄로 가는 비행기를

타기 위해서 체크인 카운터로 달려가는 것을 보았다. 그러나 너무 늦어 탑승할 수 없으니 다른 비행기를 알아보라는 정중한 대답을 들어야 했다.

그러나 그의 747기는 아직 출발하지 않았다. 이 비행기는 앞으로 20분은 더 터미널에 앉아 있을 것이다. 그 동체가 창문으로 보였다. 문제는 순전히 사무적인 것이었다. 항공사는 어떤 승객도, 심지어 신부와 하객 200명이 기다리는 신랑이라도, 출발 전 40분 여유를 두고 오지 않으면 탑승권을 발급하지 않는다고 규정하고 있다.

비행기가 눈앞에 있지만 다가갈 수 없다는 사실, 앞으로 48시간 동안 도쿄에 갈 수 있는 비행기 좌석이 없다는 사실, 하루 종일 잡혀 있던 도쿄의 여러 가지 약속이 다 취소되었다는 사실 때문에 이 남자는 두 주먹으로 카운터를 내리치며 소리를 내질렀다. 그 소리는 멀리 터미널 서쪽의 WH 스미스 아웃렛에까지 들릴 정도였다.

나는 로마의 철학자 세네카가 네로 황제를 위하여 쓴 『분노에 관하여(On Anger)』라는 논문, 그중에서도 특히 분노의 뿌리는 희망이라는 명제가 떠올랐다. 우리는 지나치게 낙관하여, 존재에 풍토병처럼 따라다니는 좌절에 충분히 대비하지 못하기 때문에 분노한다. 열쇠를 잃어버리

거나 공항에서 발길을 돌려야 할 때마다 소리를 지르는 사람은 열쇠가 절대 없어지지 않고, 여행계획이 늘 확실하게 이행되는 세계에 대한 믿음, 감동적이기는 하지만 무모할 정도로 순진한 믿음을 드러내는 것이다.

   세네카의 분석을 고려할 때, 이 항공사가 광고에서 택한 방향을 보면 불길한 느낌이 들었다. 이 광고는 섬기고, 기쁨을 주고, 시간을 지키는 데 최선을 다하도록 노력하겠다고 더욱더 자신만만하게 약속하고 있었다. 따라서 항공사처럼 재난에 취약한 산업에서는 더 많은 비명이 터져나올 수밖에 없었다.

7. 경솔하게 많은 희망을 품었던 남자에게서 멀리 떨어지지 않은 곳에서는 한 쌍의 연인이 헤어지고 있었다. 여자는 스물세 살이 틀림없었다. 남자는 몇 살 위. 그녀의 가방에는 무라카미 하루키의 『상실의 시대』가 들어 있었다. 둘 다 큰 선글라스를 썼고, 사스와 신종 플루 사이의 기간에 성년이 되었다. 그들이 처음 내 관심을 끈 것은 강렬한 키스 때문이었다. 그러나 멀리서 보았을 때는 열정으로 보였던 것

이 가까이 다가가자 망연자실임이 드러났다. 여자는 슬픔에 잠겨 믿을 수 없다는 듯이 몸을 떨었다. 남자는 여자를 품에 안고 흔들며 물결이 이는 듯한 검은 머리를 쓰다듬었다. 여자는 머리에 튤립처럼 생긴 머리핀을 꽂고 있었다. 그들은 연신 서로의 눈을 보았고, 그때마다 곧 그들에게 닥칠 재앙을 새삼 깨닫게 된 것처럼 다시 울기 시작했다.

지나가는 사람들은 동정심을 드러냈다. 여자가 대단히 아름답다는 것도 도움이 되었다. 나는 벌써 그녀가 그리웠다. 그녀의 아름다움은 적어도 열두 살 때부터는 그녀의 정체성의 중요한 일부였을 것이다. 그 아름다움을 기념하기 위해서 그녀는 이따금씩 동작을 멈추고 잠깐 자신의 상태가 관객에게 미치는 영향을 고려한 뒤 다시 눈물로 축축한 연인의 가슴으로 돌아갔다.

우리는 기꺼이 동정심을 바칠 준비가 되어 있었지만, 실제로는 그녀가 그런 슬픔을 느낄 만한 강력한 동기를 가지고 있다는 사실 자체를 축하하고 싶은 마음이 더 강했다. 우리는 그녀가 함께 있지 못하면 — 리우 교외의 텅 빈 학생용 침실은 물론이고 바로 눈앞의 게이트 너머에서도 — 꼭 죽고 말 것 같은 사람을 찾아냈다는 점이 부러웠을 것이다. 만일 그녀가 충분한 거리를 두고 자신의 상황

을 볼 수 있었다면, 지금이 자신의 인생에서 정점으로 꼽을 만한 시간임을 인식할 수 있었을 것이다.

그들의 의식은 끝나지 않을 것 같았다. 연인들은 보안구역에 다가가자, 거기서 다시 슬픔에 무너지며 뒤로 물러나 터미널을 한 바퀴 더 돌았다. 그러더니 도착 라운지로 내려갔다. 한순간 그들은 밖으로 나가 택시를 기다리는 줄에 설 것만 같았다. 그러나 실은 막스 앤 스펜서에서 말린 망고 조각 한 봉지를 샀을 뿐이다. 그들은 그것을 서로 먹여주었다. 목가적인 순수함이 풍겨나오는 광경이었다. 그러다 갑자기 트래블렉스(Travelex) 환전소 옆에서 한창 포옹을 하던 중에 미녀는 손목시계를 흘끔 보더니, 사이렌들을 거부하던 오디세우스 같은 자제력을 발휘하여 그녀의 마음을 아프게 하는 사람으로부터 달아나 복도를 달려 보안구역으로 들어갔다.

사진작가와 나는 병력을 나누기로 했다. 나는 그녀를 따라 게이트 너머로 들어가 그녀를 지켜보았다. 그녀는 중앙 홀에 이를 때까지 자제심을 발휘하다가 커트 가이거 진열장 앞에서 다시 무너지고 말았다. 나는 선글라스 헛 근처의 프랑스 교환학생들 무리 속에서 그녀를 놓치고 말았다. 사진작가 리처드는 남자를 따라 기차역까지 갔다. 여

자의 뜨거운 사모를 받던 대상은 그곳에서 센트럴 런던으로 가는 특급 열차를 타더니 의자에 앉아 무표정한 얼굴로 창밖을 내다보았다. 그는 이따금씩 특이하게 왼쪽 다리를 떠는 것 외에는 아무런 감정을 드러내지 않았다.

8. 많은 승객들에게 터미널은 유럽 단거리 출장의 출발점이다. 그들은 몇 주일 전에 동료들에게 로마에 가야 하기 때문에 사무실에 며칠 못 나오겠다면서, 유럽 문화의 원류로 여행을 떠난다는 계획 — 비록 피우미치노 공항 근처에 있는 비즈니스 파크의 너절한 변두리로 가는 것이지만 — 을 두고 주의 깊게 짐짓 피곤한 표정을 지어 보였을지도 모른다.

    이들은 여름에도 정상이 눈으로 덮여 있는 마테호른 상공을 가로지르며 동료들 생각을 할 것이다. 그들이 비행기 객실에서 아침을 제공받을 때, 동료들은 사무실에 출근을 하고 있을 것이다. 세심하게 점심을 준비해오는 미건, 휴대전화 벨소리가 다양한 제프, 늘 얼굴을 찌푸리고 다니는 시미. 그런 생각을 하면서도 출장객들은 내내 밑으로 중생

대 말에 유라시아 대륙판과 아프리카 대륙판의 충돌로 방출된 엄청난 에너지의 부산물을 구경할 것이다.

출장객들에게 로마의 역사나 예술을 볼 시간이 전혀 없다는 것은 얼마나 안심이 되는 일일지. 그럼에도 불구하고 그들의 눈에 들어오는 것은 얼마나 많을지. 공항에서부터 이어지는 도로 변에 과일 주스를 선전하는 매혹적인 광고물, 이탈리아 남자들이 신는 세련된 구두, 그들을 초대한 사람들의 서툰 영어에서 느껴지는 묘한 억양. 노보텔에 들어가면 그들에게 어떤 흥미로운 새로운 생각들이 떠오를지, 심야에 얼마나 부적절한 영화를 볼지, 돌아오는 길에 외국을 보는 가장 좋은 방법은 거기 가서 일을 하는 것이라는 뻔한 말에 그들이 얼마나 기꺼이 동의할지.

9. 공항에서 출발하는 승객의 70퍼센트가 놀러 간다. 매년 이맘때면 반바지를 입고 모자를 쓴 채 떠나는 사람들이 쉽게 눈에 띈다. 서른여덟 살인 데이비드는 해운 중개인으로 일하며, 서른다섯 살인 그의 부인 루이즈는 전에 텔레비전 프로듀서로 일했지만 지금은 집에서 어머니로 상근한다.

그들은 세 살인 벤, 다섯 살인 밀리와 함께 반스에서 산다. 나는 그들이 네 시간 동안 비행기를 타고 아테네로 가려고 체크인 줄에 서는 것을 보았다. 그들의 최종 목적지는 카타피기 만 휴양지에 있는 수영장이 딸린 빌라로, 그리스 수도에서 유럽 차종 카테고리 C 차량으로 50분 정도 걸리는 곳이었다.

데이비드가 지난 1월 처음 예약을 한 뒤 얼마나 많은 시간 동안 이 휴가 생각을 했는지 짐작도 하기 힘들 것이다. 그는 매일 인터넷에서 일기예보를 확인했다. 디미트라 레지던스로 통하는 링크를 즐겨찾기에 저장하고, 규칙적으로 들어가보았다. 석회석으로 꾸민 큰 욕실 사진도 보고, 어스름 녘에 지중해의 바위 많은 비탈을 배경으로 불을 밝힌 집의 사진도 보았다. 종려나무가 늘어선 정원에서 아이들과 놀고 테라스에서 루이즈와 함께 구운 생선과 올리브를 먹는 자신의 모습도 그려보았다.

이렇게 펠로폰네소스 반도에서 머무는 일을 오랫동안 생각하기는 했지만, 터미널 5에는 여전히 그를 놀라게 하는 일들이 많이 있었다. 데이비드는 체크인 줄을 떠올려보지도 않았고, 에어버스 A320기에 사람들이 몇 명이나 들어갈 수 있는지 생각해보지도 않았다. 네 시간이 얼마나

길게 느껴질 수 있는지 집중적으로 생각해보지도 않았고, 가족 구성원 모두가 비슷한 시간에 동시에 신체적이고 심리적인 만족을 얻을 가능성은 아주 적다는 사실을 고려하지도 않았다. 벤이 자기 엄마를 훨씬 더 좋아한다는 사실을 분명히 밝힐 때마다 그가 상처를 입었다는 것, 그런 거부에 직면할 때마다 별 소득도 없으면서 무작정 엄하게 아이를 대했다는 것, 이것 때문에 아이 엄마가 속상하여 벤이 말수가 적은 것은 그가 승진 이후로 아버지로서 아이와 놀아주는 시간이 많이 줄어든 것이 일차적인 이유라고 잔소리를 하곤 했다는 사실도 잊어버렸다. 데이비드의 일은 이들 부부 관계에서 늘 발화점 역할을 했으며, 아닌 게 아니라 바로 전날 밤에도 말다툼을 하고 말았다. 그 과정에서 데이비드는 자신의 부재와 그들의 부유한 생활 사이의 필연적인 관계를 루이즈가 제대로 이해하고 존중해주지 못하는 것은 배은망덕한 일이라고 말했다.

만일 아테네로 가는 비행기가 이륙 직후에 폭발하여 스테인즈 저수지로 곤두박질친다면, 데이비드는 가족들을 꼭 끌어안으며 무조건 사랑한다고 온 마음으로 진지하게 이야기할 것이다. 하지만 지금 당장은 한 사람도 눈을 똑바로 바라보지 못한다.

우리 대부분은 치명적인 재난에 가까운 상황을 아슬아슬하게 비껴가야만 일상생활에서 좌절과 분노 때문에 인정하지 못했던 중요한 것들을 비로소 인정하게 되는 것 같다.

데이비드는 가방을 컨베이어 벨트에 올려놓다가 예기치 않게 곤혹스러운 깨달음에 이르게 되었다. 자신이 이 휴가에 자기 자신도 데려간다는 사실이었다. 디미트라 레지던스의 품질이 아무리 좋더라도, 그 별장에는 그 자신도 있다는 사실 때문에 그것은 심각하게 빛이 바랠 터였다. 그가 이 여행을 예약한 것은 아이들, 아내, 지중해, 스파나코피타*, 아테네의 하늘을 누릴 수 있으리라는 기대감 때문이었다. 그러나 이제 사람을 지치게 하는 다양한 수준의 공포, 불안, 제멋대로인 욕망에 사로잡힌 그 자신이라는 왜곡된 필터를 통해서 이 모든 것을 파악할 수밖에 없다는 것이 분명해졌다.

그에게는 도움을 얻기 위해서건 불평을 하기 위해서건, 공식적으로 의지할 만한 데가 없었다. 물론 영국항공은 특별히 품위 있는 직원들 몇 명을 한 곳에 배치하고, 거기에 "우리는 여러분을 돕기 위해 여기에 있습니다" 하는 메시

---

* 시금치를 넣어서 구운 그리스식 파이.

지까지 달아놓았다. 그러나 이 직원들은 실존적인 문제에는 꽁무니를 뺐다. 인접한 보조 비행장까지 가는 데 소요되는 시간, 가장 가까운 화장실의 위치 등과 같은 문제에만 자신들의 통찰력을 제한하는 것 같았다.

그러나 항공사가 고객들의 형이상학적 복지와 관련된 모든 지식, 나아가서 책임을 부인하는 것은 약간은 불성실한 태도라고 말할 수 있다. 보잉 747기 55대와 에어버스 A320기 37대를 갖춘 영국항공은 많은 경쟁자들과 마찬가지로 사람들에게 이곳을 떠나 일광욕 의자에 앉아, 며칠 동안 만족스러운 생활을 한다는 중대한 도전을 받아들이도록(보통 실패하지만) 부추기고 또 그것을 가능하게 해주는 것이 그 존재 목적 가운데 큰 부분이다. 지금 데이비드의 가족을 지배하는 긴장된 분위기를 보면 인간의 기

출발 75

분이 따를 수밖에 없는 엄격하고 용서 없는 논리가 떠오른다. 그러나 외국에 있는 아름다운 집의 사진을 보면서 그런 웅장함에는 반드시 행복이 따라올 것이라고 상상하다 보면 그 논리를 무시해 위험에 빠지게 된다. 우리가 미학적이거나 물질적인 것들로부터 기쁨을 끌어내는 능력은 이해, 공감, 존중 등 그보다 더 중요한 여러 감정적이고 심리적인 요구를 먼저 충족시켜야 한다는 사실에 위태롭게 의존하고 있다. 우리가 헌신하고 있는 관계가 몰이해와 원한으로 물들어 있다는 사실이 갑자기 드러나면 우리는 종려나무와 하늘색 수영장을 즐길 수가 없는 것이다.

우리가 만반의 준비를 갖춘 뒤, 경제적이고 환경적인 비용을 헤아릴 수 없이 퍼부으며 세우는 거대한 객관적인 기획물 — 터미널, 활주로, 널찍한 몸통의 비행기 — 과 그 사용을 방해하는 주관적인 심리적 매듭은 고통스러운 대비를 이룬다. 테크놀로지에 기반을 둔 문명의 모든 이점이 가정 내의 말다툼 한 번으로 얼마나 빠르게 쓸려나갈 수 있는 것인지. 불을 피우거나 쓰러진 나무로 초보적인 커누를 만들려고 애쓰던 인간 역사의 초기에, 우리가 인간을 달로 보내고 비행기를 오스트레일리아에 보내고 난 뒤에도 오랫동안 우리 자신을 견뎌내고, 사랑하는 사람들을 용서하고, 불끈 성질을 낸 것을 사과하는 방법을 알지 못해 이렇게 고생을 할 것이라고 누가 예상이나 했겠는가?

10. 나의 고용주는 제대로 된 책상을 하나 놓아주겠다는 약속을 지켰다. 사실 이곳은 일을 하기에 이상적인 장소였다. 이런 곳에서 글을 쓰는 것이 가능하겠냐는 생각이 들겠지만, 오히려 그런 어려운 작업 환경이 글을 쓰는 것을 가능하게 해주었기 때문이다. 객관적으로 일하기 좋은 곳이 실제로도 좋은 곳이 되는 경우는 드물다. 조용하고 시설이 잘 갖추어진 서재는 그 흠 하나 없다는 점 때문에 오히려 실패에 대한 공포를 압도적인 수준으로 높이곤 한다. 독창적인 사고는 수줍은 동물과 비슷하다. 그런 동물이 굴에서 달려나오게 하려면 때로는 다른 방향, 혼잡한 거리나 터미널 같은 곳을 보고 있어야 한다.

작업 환경에는 확실히 정신이 산만해질 만한 요소들이 많았다. 몇 분마다 목소리(보통 아래층의 작은 방에서 마거릿이나 줄리엣이 말하는 목소리였다)가 예를 들어 방금 프랑크푸르트에서 도착한 베이커 부인을 길을 잃고 헤매

는 그녀의 휴대 수하물과 재결합시켜주거나, 바시르 씨한테 나이로비로 가는 비행기에 탑승해야 한다는 사실을 상기시켜주려고 했다.

대부분의 승객들의 눈에 나는 항공사 직원이었으며, 따라서 세관이나 현금 인출기가 눈에 띄지 않을 때 이용할 수 있는 잠재적으로 유용한 정보원이었다. 그러나 내 명찰을 유심히 살펴본 수고를 한 사람들은 내 책상을 고해소로 여겼다.

한 남자는 나에게 다가오더니 아내와 함께 발리로 생애 최고의 휴가를 떠나는 길이라고 비꼬듯이 말했다. 아내는 몇 달 뒤면 치료 불가능한 뇌종양에 굴복할 수밖에 없다는 것이었다. 그녀는 근처의 특수 제작 휠체어에 앉아 쉬고 있었는데, 거기에는 복잡한 호흡 보조장치가 잔뜩 실려 있었다. 그녀는 마흔아홉 살로, 지난 4월까지만 해도 나무랄 데 없이 건강한 사람이었다. 그러나 어느 월요일 아침에 일하러 나갔다가 가벼운 두통을 느꼈다. 또 어떤 남자는 아내와 자식들을 만나러 런던에 왔다 가는 길인데, 로스앤젤레스에는 다른 가족이 있으며 그들은 런던의 가족에 관해서는 아무것도 모른다고 말했다.

매일 그런 이야기들이 빡빡하게 밀려들자 시간이 길게

늘어나는 느낌이었다. 앙골라에서 온 아나 달메이다와 시도니오 실바를 만난 지 불과 이틀밖에 지나지 않았음에도, 몇 주일이 지난 것 같았다. 아나는 경영을 공부하러 휴스턴으로 가는 길이었다. 시도니오는 기계공학 박사과정을 마치러 애버딘으로 가는 길이었다. 우리는 한 시간을 함께 보냈는데, 그들은 이상주의적이고 우울한 방식으로 자기 나라의 상황을 이야기했다. 이틀 뒤 히드로는 그들의 기억을 간직하지 않았지만, 나는 여전히 그들의 부재를 느꼈다.

터미널에는 지속적으로 고정되어 있는 존재들이 있었다. 나의 가장 가까운 동료는 체크인 구역에서 내 책상이 놓인 곳 근처를 청소하는 애너-마리였다. 그녀는 내 책에 꼭 들어가고 싶다면서, 몇 번이나 내 책상에 들러 나와 그 가능성에 관하여 이야기를 나누었다. 그러나 막상 내가 그녀에 관해 쓰겠다고 약속을 하자, 그녀는 곤혹스러운 표정을 짓더니 실명과 생김새는 반드시 바꾸어야 한다고 고집을 부렸다. 진실이 밝혀지면 트란실바니아에 있는 많은 친구와 친척들이 실망을 할 것이라는 이야기였다. 그녀는 젊은 시절 음악원에서 촉망받는 학생이었으며, 그 시절부터 장차 해외에 나가 성악가로 명성을 얻을 것이라고 기대를

받았기 때문이다.

　작가가 있다고 하니 가끔 뭔가 극적인 일이 벌어지리라는 기대들도 하는 것 같았다. 소설에서나 읽을 수 있는 일. 그래서 내가 그저 둘러볼 뿐이라고, 1년 내내 공항에서 하루걸러 벌어지는 일들로 만족하며 달리 특별한 일은 필요 없다고 설명을 하면 가끔 실망을 하는 눈치였다. 그러나 작가의 책상은 사실상 터미널 이용자들에게 좀더 상상력을 발휘하고 관심을 기울여 자신들의 환경을 살펴보라는, 공항에서 자극을 받았지만, 어서 게이트로 가고 싶은 마음에 차근차근 정리를 해보거나 설명을 해볼 기회가 없는 감정들에 한번 무게를 실어보라는 공개적인 초대나 다름없었다.

　나의 수첩은 상실, 욕망, 기대의 일화들, 하늘로 날아가는 여행자들의 영혼의 스냅 사진들로 점점 두꺼워졌다. 터미널이라는 살아 있는 혼돈의 실체에 비하면 책이란 얼마나 얌전하고 정적인 것이냐 하는 생각을 떨쳐버리기는 힘들었지만.

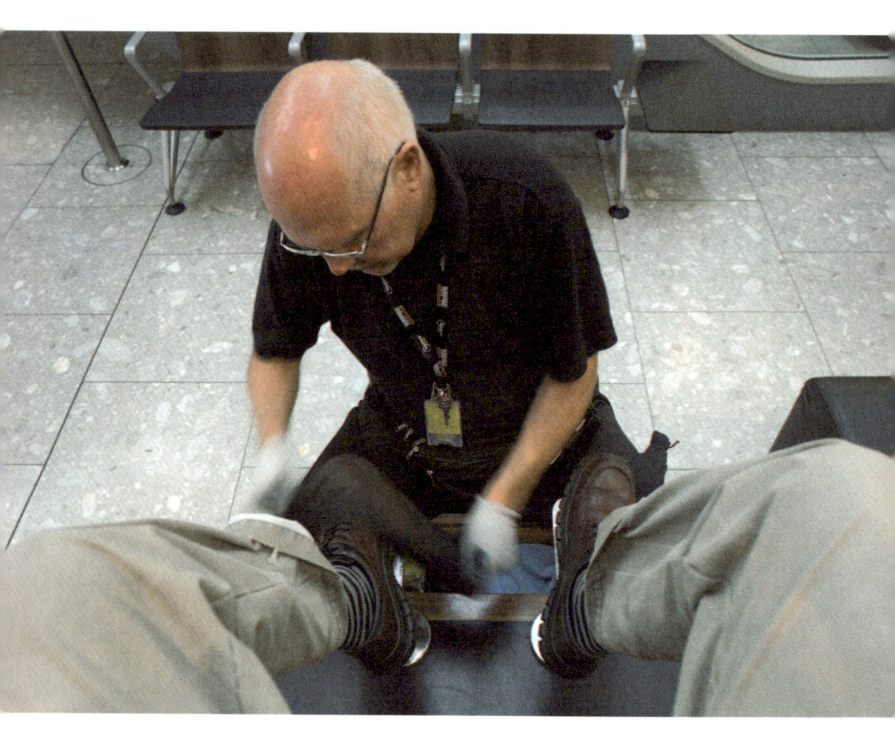

11. 글쓰기에 진전이 없을 때면 아래층에 터를 잡고 있는 더들리 매스터스를 찾아가 잡담을 나누곤 했다. 그는 공항에서 30년 동안 구두를 닦은 사람이다. 그의 하루는 오전 8시 30분에 시작하여, 60켤레쯤 뒤인 오후 9시에 끝이 났다.

나는 더들리가 자기 자리에 와서 멈추는 모든 새로운 구두에 맞설 때마다 보여주는 낙관적인 태도에 감탄했다. 그는 현재 상태가 어떻든 간에 그 구두의 최선의 상태를 상상하면서, 솔, 왁스, 크림, 스프레이 클리너 등의 무기로 학대당한 곳을 치유했다. 그는 사람들이 8개월 동안 심지어 다용도 세척 크림 광택제조차 바르지 않고 지내는 것이 악은 아니라고 생각했다. 마치 천장에 매달린 할로겐 램프를 끌어내리며 새로운 환자에게 입을 벌리라고 말하는("어디 한번 볼까요?") 순간에도 인생이란 것이 아주 복잡해질 수 있어서 회사나 장관이나 죽어가는 부모를 구하려다 보면 얼마든지 치실을 사용하지 못할 수도 있다는 것을 잘 아는 치과의사 같았다.

그는 구두를 닦고 돈을 받았지만, 진짜 사명은 심리적인 것임을 알았다. 그는 사람들이 아무 때나 구두를 닦지는 않는다는 것을 알고 있었다. 사람들은 과거 밑에 줄을 긋고 싶을 때, 외적인 변화가 내적인 변화를 자극할 수도

있다는 희망을 품을 때 구두를 닦는다. 그는 어떤 악의도 없이, 나를 조롱할 생각 같은 것은 전혀 없이, 매일 자기 경험을 종이에 쓰게 된다면, 그것은 공항에 관한 책 가운데 지금까지 누구도 읽어보지 못한 매혹적인 책이 될 것이라고 장담하곤 했다.

12. 더들리의 일터를 지나면 보안구역으로 가는 통로가 나오는데, 그 옆에 여러 종교를 가진 사람들이 이용할 수 있는 예배실이 있다. 크림색을 칠해놓은 공간에는 서로 어울리지 않는 다양한 가구와 성스러운 경전들이 꽂힌 서가가 있다.

나는 인도 남부 출신의 가족이 첸나이로 가는 오후 1시 BA 035편에 탑승하기 전에 여행자들의 운을 책임지는 힌두의 신 가네슈에게 경의를 표하러 가는 것을 지켜보았다. 이 신은 컵케이크 몇 개와 장미 향기가 나는 초를 선물로 받았는데, 공항의 규제 때문에 초에 불은 붙지 않았다.

과거에 비행기가 크고 분명한 구성요소의 오동작으로, 예를 들면 연료 펌프가 작동을 멈추거나 엔진이 폭발하여

하늘에서 떨어지곤 하던 때에는 조직화된 종교의 주장들을 물리치고 과학에 대한 신뢰를 택하는 것이 지혜롭게 느껴졌다. 다급한 과제는 기도를 하기보다는 오작동의 근본 원인을 연구하고 이성을 통하여 오류를 박멸하는 것이었다. 그러나 비행이 점점 꼼꼼한 정밀조사를 받게 되고 모든 부품이 위기에 대처할 장치를 별도로 갖추게 되자, 역설적으로 미신에 의존해야 할 이유도 늘어났다.

참사가 일어날 확률이 줄어들면서 오히려 우리는 과학의 장담을 외면하고 우리의 약한 정신이 억누르려고 애쓰는 위험의 가능성을 향하여 더 겸손한 자세를 취하게 되었다. 그렇다고 절대 정비 스케줄을 무시하는 선까지 가지는 않지만, 그럼에도 여행 전에 몇 분 동안 무릎을 꿇고 신비한 운명의 힘에 기도를 드리는 것을 절대 비합리적이라고 생각하지 않을 수도 있다. 이 운명은 여전히 모든 비행기를 지배하는데, 우리는 이것을 이시스, 하느님, 포르투나, 가네슈 등 여러 이름으로 부를 수도 있을 것이다. 그들에게 기도를 한 뒤에 우리는 보안구역 건너편의 월드 면세품 시장으로 가서 담배와 샤넬 No.5를 산다.

Ⅲ 게이트 너머

1. 보안구역에 사람들이 줄을 선 광경은 언제 보아도 인상적이다. 적어도 100명은 됨직한 사람들이, 물론 받아들이는 수준은 각기 다르겠지만, 앞으로 자신의 인생에서 20분 동안 달리 별로 할 일이 없다는 생각에 순응을 하고 있다.

가장 왼쪽에 있는 검색대에서는 짐이 스캐너를 살피고, 니나가 가방 내용물을 확인하고, 발란찬드라가 금속 탐지기를 이용해 검색을 한다. 그들 모두는 힘겨운 1년간의 훈련과정을 거쳐 이곳에 온 사람들로, 훈련의 기본적인 목표는 모든 인간을 항공기 폭파범 후보자로 보는 것이었다. 새로 알게 되는 사람과 어떻게든 공통점을 찾으려고 하는 우리의 관례적인 충동을 완전히 뒤집는 셈이다. 세 사람은 적이 이렇게 생겼을 것이다 하는 편견을 모두 버리라고 배웠다. 적은 사과 주스 통을 들고 어머니의 손을 잡은 여섯 살짜리 소녀일 수도 있고, 장례식에 참석하려고 취리히로 날아가는 노쇠한 할머니일 수도 있다. 따라서 무죄가 입증될 때까지는 유죄로 추정되는 용의자가 나타나면 단호한 어조로 소지품에서 물러나 벽에 붙어 똑바로 서라고 명령해야 한다.

보안요원들은 스릴러 작가들과 마찬가지로, 삶이 실제로는 일반적으로 눈에 보이는 모습보다 더 다사다난한 현장이라고 상상하는 대가로 보수를 받는다. 나는 그들이 일

하는 매 순간 긴장을 유지하고, 늘 아주 적은 가능성에 대응할 자세를 갖추어야 한다는 점에 동정심을 느꼈다. 사실 그들이 대비하는 사건은 전 세계적으로 10년에 한 번 일어날까 말까 한 것이며, 그것도 이곳 런던보다는 라르나카나 바쿠에서 일어날 가능성이 높았다. 그들은 성서적 사건의 선례가 없는 나라, 예컨대 벨기에나 뉴질랜드에서 살고 있는 복음주의 종파의 신도 같았다. 그들은 믿음 때문에 자기가 사는 땅으로 메시아가 돌아오리라고 매일 기대하며 산다. 수요일 오후 3시 리에주 교외에서 그런 일이 일어날 가능성을 무시하지 않는 것이다. 이 보안요원들은 보통 경찰관들을 얼마나 부러워할까. 경찰관들은 비록 사람들과 친해지기 힘든 시간을 보내고 피곤하게 걸어서 순찰을 돌아야 하지만, 적어도 그들이 상대하도록 훈련을 받은 바로 그런 인물들과 빈번히 만나게 될 것이라는 예상은 할 수 있으니.

나는 보안요원들이 수색 대상에게 가지도록 허용되는 호기심이 제한되어 있다는 사실 때문에 더 동정심을 느꼈다. 그들은 어떤 승객의 화장품 가방이나 일기나 사진첩 안을 마음대로 들여다볼 수 있음에도 불구하고, 오직 폭파 장치나 살인 무기의 존재를 가리키는 증거만 조사할 수 있다. 따라서 단정하게 포장한 속옷을 누가 입을 것이냐고

물어볼 권한도 없고, 반자동 권총을 발견하고 싶은 마음은 전혀 없는 상태에서 엉덩이에 걸쳐진 청바지의 뒷주머니를 쓰다듬는 것이 이따금씩 얼마나 유혹적인 일인지 공식적으로 인정할 수도 없다.

이 세 사람은 늘 긴장하고 경계해야 하기 때문에 큰 압박감 속에 산다. 따라서 차 한잔 마시는 휴식 시간도 다른 직원들보다 자주 허락받는다. 그들은 매 시간 자동판매기와 낡은 의자가 갖추어진 방으로 들어간다. 이곳에는 세계에서 가장 위험한 테러범 사진들도 붙어 있다. 하지만 긴 턱수염을 기르고 속을 알 수 없는 눈빛을 반짝이는 이 성난 표정의 예언자 같은 인물들은 터미널 5 같은 곳에 나서는 것은 꺼리고 어디 산의 동굴 속에 틀어박혀 있을 것 같다.

이 방에서 인턴 프로그램에 등록한 학생처럼 보이는 여자 두 명이 눈에 띄었다. 그들이 이곳에서 환영받는다는 느낌을 조금이라도 더 받게 하고 싶어 웃음을 지어 보이자, 두 사람은 나에게 다가와 인사를 하며 자신들이 이 건물의 최고위 보안 책임자들이라고 소개를 했다. 터미널 5의 보안요원 전체를 훈련하는 일을 책임지는 레이철과 시몬은 정기적으로 보안 팀에게 테러리스트의 무장을 해제하는 방법과 상대가 수류탄을 던졌을 때 자신의 몸을 보호

하기 위해서 취해야 할 자세를 가르친다. 또 일반 직원들에게 반자동 화기를 사용하는 기본 지침도 내려보낸다. 그들은 테러리즘에 대비하는 일에 완전히 몰두해 있었는데, 이것이 그들의 삶의 모든 면에 영향을 주는 듯했다. 이들은 여가 시간에도 이 주제에 관한 자료를 눈에 띄는 대로 읽었다. 레이철은 1976년 엔테베 작전을 연구하는 전문가였으며, 시몬은 힌다위 사건을 열심히 공부했다. 힌다위 사건이란 요르단인 네자르 힌다위가 임신한 여자 친구에게 플라스틱 폭약이 가득한 가방을 들려 텔아비브로 가는 이스라엘 항공기에 탑승시킨 사건을 가리킨다. 이 음모는 실패했지만, 시몬은 이 사건을 계기로 전 세계의 보안요원들이 임신한 여자, 어린 아이, 인정 많은 할머니를 바라보는 눈이 완전히 바뀌었다고 설명했다(그러면서 그녀 자신도 모르는 사이에, 그런 승객들까지 구태여 검색하는 것이 과연 지혜로운 일이냐 하는 나의 순진한 생각을 비난했다).

많은 승객들이 질문이나 검색을 받을 때 불안이나 분노를 느낀다면 그것은 비록 잠재의식 수준에서라고 해도 그런 조사가 죄를 묻는 것처럼 느껴지기 십상이기 때문이다. 그것이 자주 죄책감을 느끼곤 하는 기존의 경향을 자극할 수도 있는 것이다.

스캐너 앞에서 오랫동안 기다리다 보면 많은 사람이 혹시 내가 집에서 나설 때 가방에 폭파장치를 감추어 온 것은 아닌지, 나도 모르게 몇 달 동안 테러리스트 훈련과정을 밟은 것은 아닌지 자문하기 시작한다. 정신분석학자 멜라니 클레인은 『질투와 감사(*Envy and Gratitude*)』(1963)에서 이런 잠재적인 죄책감은 인간 본성에 본래 내재하는 부분으로까지 추적해 들어갈 수 있으며, 그 기원은 부모 가운데 자신과 동성인 존재에 대한 오이디푸스적 살해 욕망이라고 말했다. 이런 죄책감은 어른이 되어서도 강렬한 상태로 남아 있어, 권위가 있는 사람에게 거짓 자백을 해야겠다는 강박감을 자극할 수도 있고, 심지어 잘못된 일을 저질렀다는 크나큰 압박감에서 어느 정도 벗어나는 수단으로 실제 범죄를 저지를 수도 있다.

보안구역을 무사히 통과하는 것은 적어도 필자처럼 막연한 죄책감에 시달리는 사람에게는 한 가지 좋은 점이 있다. 아무 소리도 내지 않고, 제지도 받지 않고 탐지기를 통과하여 터미널 반대편으로 들어가면 마치 고해를 한 뒤 교회를 떠나거나 속죄의 날에 유대교 회당을 떠날 때와 같은 느낌을 받을 수 있다는 것이다. 즉 잠시나마 죄의 짐이 완전히 또는 일부라도 덜어졌다는 해방감을 맛보게 된다.

2. 보안구역 건너편에서는 원없이 쇼핑을 할 수 있다. 이곳에는 100개가 넘는 소매점이 여행자의 관심을 끌려고 경쟁하고 있다. 일반적인 쇼핑센터보다 훨씬 더 많은 수이다. 이런 통계 때문에 비판자들은 터미널 5가 공항보다는 쇼핑몰 같다고 불평을 하곤 한다. 하지만 이런 배치가 뭐가 그렇게 잘못된 것인지 판단하기는 쉽지 않다. 구체적으로 이 건물의 핵심인 항공 관련 정체성 가운데 어떤 면이 침해를 받는다는 것인지. 승객들이 어떤 구체적인 즐거움을 빼앗긴다는 것인지. 사실 우리는 쇼핑몰이 요하네스버그로 가는 게이트라는 추가적인 즐거움을 제공하지 않아도 그곳을 찾곤 하지 않는가.

본격적인 쇼핑 구역으로 들어가는 입구에는 환전소가 있다. 우리가 아주 크고 다양한 세계에서 살고 있다는 이야기는 흔히 듣지만, 대개 그런 말을 들을 때마다 별 생각 없이 잠깐 고개를 끄덕여주기만 할 것이다. 그러나 안전금고가 수도 없이 박혀 있는 환전소의 뒤편을 보면 그 말이 정말 실감이 난다. 그 금고에는 단정하게 묶은 우루과이의 페소, 투르크메니스탄의 마나트, 말라위의 콰차 다발이 들어 있다. 런던 시의 외환 딜러들은 이곳과 비교할 수 없는 전자적인 속도로 일을 처리하겠지만, 두툼한 지폐 다

발과 끈기 있게 물리적으로 접촉하는 일은 아주 다른 종류의 직접성을 제공한다. 인간 종의 잡다함에 대한 생생한 느낌을 얻을 수 있는 것이다. 가지각색의 색깔과 글자체로 이루어진 이 지폐들은 지도자, 독재자, 창건자, 바나나 나무, 작은 요정들로 장식되어 있다. 많은 지폐가 오랫동안 사용되어 닳고 구겨져 있다. 예멘에서 낙타를 사거나 페루에서 안장을 살 때 지불되기도 했고, 나폴리의 나이든 이발사의 지갑이나 몰도바 초등학생의 베개 밑에 들어가 있기도 했을 것이다. 그러나 파푸아뉴기니의 너덜너덜한 50키나짜리 지폐(뒤는 낙원의 새, 앞은 마이클 소마레 총리로 장식되었다)는 히드로에 도착함으로써 절정을 이룬 일련의 거래(과일에서 신발로, 총에서 장난감으로)에 관해서 아무 말도 해주지 않았다.

환전소에서 통로를 건너면 터미널에서 가장 큰 서점을 만날 수 있다. 책의 상업적 미래에 관한 필자의 수세적인 예측(아마 어느 공항 서점에서도 자신의 책을 보지 못했다는 사실과 관련되어 있을 것이다)을 비웃기라도 하듯이, 이곳의 책 판매량은 가파르게 늘고 있었다. 이곳에서는 두 권을 사면 한 권을 공짜로 얻을 수도 있고, 네 권을 고르면 거품이 이는 음료를 마실 자격을 얻을 수도 있다. 문학의

죽음은 과장된 것이다. 데이트 웹사이트에서는 책을 좋아하는 사람들을 보통 하위범주가 없는 하나의 범주로 묶지만, WH 스미스에서 제공하는 광범한 책들은 사람들이 책을 읽는 동기가 다양함을 증명하고 있다. 그러나 유혈이 낭자한 표지가 많다는 사실에서 어떤 결론을 끌어낼 수 있다면, 그것은 비행기 승객들 가운데 많은 수가 공포를 느끼고 싶은 강한 욕망에 사로잡혀 있다는 것이 아닐까. 그들은 하늘 높은 곳에서, 살해의 공포에 의지하여 잘츠부르크에서 열리는 회의의 성공이나 안티구아에서 새로운 상대와 처음 섹스를 해야 하는 만만치 않은 상황과 관련된 세속적인 두려움을 잊고자 한다.

나는 터미널이 처음 문을 열었을 때부터 이 서점에서 일을 해온 지배인 마니샨카르와 이야기를 나누었다. 나는 공항에서 외로운 일주일을 보내고 있는 사람답게 지나치게 자세하게, 독자가 오랫동안 느껴왔지만 이제까지 진정으로 이해하지는 못했던 감정들을 따뜻한 목소리로 표현한 책, 사회는 대체로 이야기되지 않는 상태로 덮어두는 쪽을 좋아하는 은밀하면서도 일상적인 것들을 전달해주는 책, 어떻게든 외롭고 낯선 느낌에서 조금이라도 벗어날 수 있게 해주는 책을 찾고 있다고 설명했다.

마니샨카르는 잡지가 더 낫지 않겠냐고 말했다. 잡지의 구색에는 전혀 부족함이 없었는데, 그 가운데는 마흔 이후에도 괜찮아 보이는 외모를 유지하는 방법에 관한 특집 기사를 실은 것도 몇 종 있었다. 물론 서른아홉(필자의 나이이다)에는 사람의 외모가 그런 대로 봐줄 만하다는 가정에 기초를 둔 조언이었다.

근처의 다른 서가에는 고전 소설들이 다양하게 꽂혀 있었다. 이 책들은 놀라운 상상력을 동원하여 배치되었는데, 저자나 제목이 기준이 아니라 이야기의 배경이 되는 나라를 기준으로 정리되어 있었다. 밀란 쿤데라는 프라하의 안내자로 제시되어 있고, 로스앤젤레스와 산타페 사이의 작은 도시들의 감추어진 특징을 드러내는 일은 레이먼드 카버에게 맡겨졌다. 오스카 와일드는 제임스 휘슬러가 그리기 전에는 런던에 안개가 그렇게 많지 않았다고 말한 적이 있다. 그와 마찬가지로 카버가 글로 쓰기 전에는 미국 서부의 고립된 작은 도시들의 적막과 슬픔이 그렇게 분명하게 드러난 적이 없지 않았을까.

모든 능숙한 작가들은 경험 가운데도 주목할 만한 측면들을 전면에 내세운다. 그들이 그렇게 해주지 않으면 그 소소한 것들은 우리 감각을 계속 뒤덮는 다량의 자료 속에

파묻혀 사라질 것이다. 작가들은 우리 주위의 세계에서 그런 것들을 찾아내고 음미하라고 촉구한다. 이런 맥락에서 문학작품들은 히드로를 출발하는 여행자들이 쾰른 사회의 순응과 부패(하인리히 뵐), 이탈리아 시골의 조용한 에로티시즘(이탈로 스베보), 도쿄 지하철의 우울(오에 겐자부로) 같은 것들에 더 세심한 관심을 기울이도록 촉구하는 매우 예민한 도구로 볼 수도 있다.

3. 며칠 동안 여러 상점에 자주 들러보고 나서야 나는 공항에서 소비주의에 반대하는 사람들이 무엇에 불만을 품었는지 조금씩 알 것 같았다. 문제의 중심에는 쇼핑과 비행 사이의 불일치가 있으며, 이것은 어떤 의미에서는 죽음 앞에서 존엄을 유지하고 싶은 욕망과 관련되어 있었다.

지난 수십 년간 항공 엔지니어들의 많은 성취에도 불구하고 비행기에 탑승하기 전의 시간은 통계적으로 볼 때 집에서 텔레비전 앞에 앉아 조용히 보내는 시간보다는 재난의 서곡이 될 가능성이 여전히 더 높다. 따라서 비행기를 타는 것은 우리 자신의 해체를 앞둔 마지막 순간을 어떻게

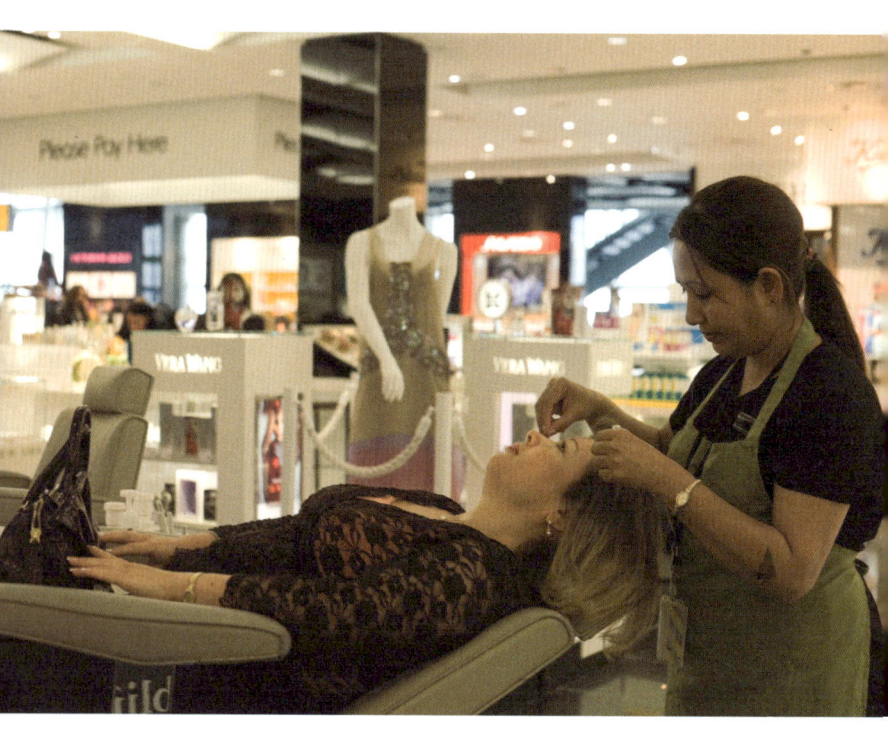

가장 잘 보내느냐 하는 문제를 제기하곤 한다. 어떤 생각을 하며 다시 땅에 떨어지고 싶은가. 면세점 가방들에 둘러싸인 채 영원을 맞이하고 싶은 것인가.

상점들의 존재를 공격하는 사람들은 기본적으로 우리에게 마지막 순간에 잘 대비하라고 쿡쿡 찌르는 것일 수도 있다. 나는 블링크 미용실에서 바흐의 칸타타 106에서 노래하는, 진지하게 살라는 전통적인 종교적 요구의 타당성을 새삼스럽게 느꼈다.

> Bestelle dein Haus,
> Denn du wirst Sterben,
> Und nicht lebendig bleiben.

> 네 집을 단정하게 정돈해라,
> 네가 죽을 날,
> 이제 살아 있지 않을 날에 대비해서.

비행이라는 의식은 겉으로는 세속적으로 보이지만, 이 비종교적인 시대에도 여전히 실존이라는 중요한 주제 그리고 세계의 종교 이야기에 그 주제들이 굴절되어 나타난 모습과 뗄 수 없이 연결되어 있다. 우리는 승천, 하늘에서

들리는 목소리, 하늘을 나는 천사와 성자들에 관한 이야기를 너무 많이 들어 비행이라는 일은, 예를 들어 기차로 여행하는 행위와는 달리 전적으로 보행자의 관점에서 볼 수가 없다. 신성하고 영원하고 의미심장한 것들과 관련된 개념들은 암암리에 우리와 비행기까지 동행하여, 안전 지침이 낭독될 때, 기장이 날씨를 알릴 때, 특히 높은 곳에서 지구의 부드러운 곡선을 볼 때 우리의 마음에 스며든다.

4. 약 8,000종의 다양한 향기가 부드럽게 섞여 흘러나오는 향수 판매점 바로 바깥에서 마침 성직자 두 명과 마주치게 되었다. 두 명 가운데 나이가 많은 스터디 목사는 등에 "공항 사제"라는 말이 적힌, 눈에 잘 띄는 재킷을

게이트 너머 115

입고 있었다. 60대의 스터디 목사는 교회 턱수염의 전형이라고 할 만한 거대한 수염을 기르고 금테 안경을 썼다. 그의 말의 억양은 독특하다는 느낌이 들 정도로 느리고 침착했다. 모든 진술 뒤에 숨은 뉘앙스를 잠시라도 도저히 무시하지 못하는 학자의 말투 같았다. 다른 사람을 불편하게 하거나 다른 사람의 시간을 빼앗는 것에 대한 두려움 없이 최후의 결론에 이를 때까지 그런 뉘앙스들을 탐사할 수 있는 환경에 사는 데 익숙한 사람 같았다. 그의 동료 앨버트 칸도 눈에 아주 잘 띄는 옷차림이었다. 그러나 다른 직원한테 빌린 재킷에는 그냥 "응급 서비스"라고만 찍혀 있었다. 그는 20대 초반으로 더럼 대학교에서 신학 공부를 하면서 히드로에서 경험삼아 일을 하고 있었다.

"목사님한테 오는 사람들은 대개 무엇을 해달라고 하나요?" 나는 곤혹스러울 정도로 규정이 어려운 의류 브랜드인 레이스 매장을 지나면서 스터디 목사에게 그렇게 물었다. 스터디 목사는 오랫동안 입을 다물고 있었다. 그 사이에 육체에서 분리된 듯한 목소리가 다시 한 번 수하물에서 눈을 떼지 말라고 주의를 주었다.

"헤맨다는 느낌이 들 때 나한테 오지요." 목사가 마침내 입을 열었다. 헤맨다는 말에 힘을 주었기 때문에 그 말은 인류, 그러니까 성 아우구스티누스가 "하느님의 도시에 들어갈 수 있을 때까지 땅의 도시를 헤매는 순례자들"이라고 묘사한 존재들로 이루어진 불운한 집단의 영적 혼란을 반영하는 것 같았다.

"네, 그런데 어떤 문제에서 헤맨다고 느끼던가요?"

"아." 목사는 한숨을 쉬더니 말을 이었다. "거의 언제나 화장실을 못 찾아 헤매더군요."

형이상학적 문제에 관한 우리의 논의를 그런 분위기에서 끝내는 것이 아쉬운 느낌이 들어, 나는 두 성직자에게 여행자가 비행기에 타서 이륙하기 전 마지막 남은 시간을 어떻게 쓰는 것이 가장 생산적일 것 같으냐고 물어보았다. 목사는 그 점에서 확고했다. 그는 그때 해야 할 일은 열심히 하느님 쪽으로 생각을 돌리는 것이라고 말했다.

"하지만 하느님을 믿을 수 없으면 어쩌죠?" 내가 물고 늘어졌다.

목사는 입을 다물더니 그런 것을 목사에게 묻는 것은 무례한 일이라는 듯이 고개를 돌렸다. 다행히도 조금 자유주의적인 신학에 기대고 있는 젊은 동료가 간결하다는 점에서는 비슷하지만 그래도 더 포괄적인 답을 해주었다. 나는 그 이후로 며칠 동안 활주로로 나오는 비행기를 지켜볼 때마다 그 말을 다시 생각해보곤 했다. "죽음을 생각하면 우리는 무엇이든 우리에게 가장 중요한 것을 향하게 됩니다. 죽음이 우리에게 우리가 마음속에서 귀중하게 여기는 삶의 길을 따라가도록 용기를 주는 거죠."

5. 보안구역 바로 너머에는 불운한 운명의 초음속 제트기의 이름을 딴 휴식공간이 있었는데, 이곳은 일등석 승객들만이 이용할 수 있는 곳이었다. 부가 어떤 면에서 유리한지 가끔 확인이 되지 않을 때가 있다. 요즘 값비싼 차와 와인, 옷과 식사는 싼 것보다 값에 비례한다고 생각할 만큼 좋은 경우가 드물다. 현대의 디자인과 대량생산 과정이 세련되게 발전했기 때문이다. 이런 면에서 영국항공의 콩코드 룸은 이례적이었다. 이곳은 공항에서, 아니 내 인생에서 내가 본 다른 어느 곳보다 멋졌는데, 그 멋진 면 때문에 나는 마음이 겸허해졌고 생각을 자극받았다.

이곳에는 가죽 팔걸이의자, 벽난로, 대리석 욕실, 스파, 레스토랑, 관리인, 손톱 손질 전문가, 미용사가 있었다. 웨이터 한 명이 무료 캐비어, 푸아그라, 훈제 연어가 든 쟁반

을 들고 라운지를 돌았다. 두 번째 웨이터는 에클레어와 작은 딸기 타르트를 들고 순회를 했다.

"이 세상의 노고와 소란은 다 무엇을 위한 것인가? 부, 권력, 탁월한 위치를 추구하는 목적은 무엇인가?" 애덤 스미스는 『도덕 감정론(*The Theory of Moral Sentiments*)』(1759)에서 그렇게 묻고 스스로 대답을 했다. "공감하고, 만족하며, 찬동하면서 관찰하고, 관심을 가지고, 주목하는 대상이 되기 위해서이다." 콩코드 룸을 만든 사람들은 이런 야망에 감동적일 정도로 정확하게 대응했다.

나는 레스토랑에 자리를 잡으면서 인간이 이 지점까지 오기 위해 무엇을 했든 결국은 그럴 가치가 있었다고 확신했다. 내연기관의 개발, 전화의 발명, 제2차 세계대전, 로이터 화면에 실시간 경제정보 도입, 피그 만, 부리가 늘씬한 마도요의 멸종, 이 모든 것이 모두 그 나름의 방식으로 일조하여 길을 닦은 덕분에, 하나 같이 매력적이면서도 또 서로 다른 사람들이 구름 속에 들어앉은 듯한 서양의 한 모퉁이의 활주로를 내다보는 이 훌륭한 방에서 소리 없이 섞이게 된 것이다.

"모든 문화의 기록은 동시에 야만의 기록이기도 하다." 이것은 문학평론가 발터 벤야민의 유명한 말이지만, 이런

정서는 이제 별로 중요하게 여겨지지 않는다.

그럼에도 나는 이곳에 오기까지 이루어낸 성취가 사실은 매우 무너지기 쉬운 것이라는 생각이 들었다. 이런 황금 시절이 상대적으로 그렇게 길지 않아, 곧 이 팔걸이의자에 편안히 앉은 소규모 집단의 구성원들이 슬픔에 이르고, 금박을 입힌 천장에 금이 가 폐허가 되는 날이 올 것 같다는 느낌이 들었다. 기원후 2세기 가을의 어느 일요일 저녁 대리석 주랑 위로 핏빛 태양이 질 때 로마 외곽 하드리아누스의 별장 테라스 위도 어쩌면 이와 비슷한 느낌이었을 것이다. 사람들은 아마 지금과 비슷하게 파국의 조짐을 느꼈을지 모른다. 실제로 그 파국은 라인 강 유역의 어두운 소나무 숲 깊은 곳에 자리잡은 불온한 게르만 부족들이라는 형태로 어렴풋이 나타나기 시작했다.

나는 앞으로 빠른 시간 안에는 콩코드 룸에 다시 갈 수 없을지도 모른다는 사실에 서글픔을 느끼기 시작했다. 그러면서 슬픔을 희석하는 가장 좋은 방법은 그 구역에 꽤나 자주 출입하는 모든 사람들에 대한 철저한 증오를 기르는 것일지도 모른다는 생각이 들었다. 그래서 브리오슈를 바닥에 깐 포르치니 버섯 한 접시를 앞에 두고, 이 라운지가 사실은 족벌 등용과 다양한 속임수 덕분에 자격도 없으면

서 이곳에 들어올 권한을 얻게 된 독점적 지배자들의 은신처라는 생각을 해보았다.

그러나 꼼꼼하게 살펴본 결과 안타깝게도 내 눈에 띄는 증거들은 그 위로가 되는 명제를 뒷받침하기는커녕 모순만 일으킨다는 사실을 인정할 수밖에 없었다. 내 주위에 있는 손님들은 부자의 상투적인 틀에 전혀 들어맞지 않았기 때문이다. 사실 이들이 두드러져 보이는 것은 무엇보다도 이들이 아주 평범해 보였기 때문이다. 이들은 시골의 엄청난 땅을 상속한 나약한 상속자들이 아니라, 마이크로칩과 스프레드시트가 사람들 대신 일을 하게 하는 방법을 궁리해낸 보통 사람들이었다. 특별할 것 없는 옷을 입고 맬컴 글래드웰이 쓴 책을 읽는 이들은 지능과 정력 덕분에 부자가 된 엘리트였다. 이들은 공급 사슬의 불규칙성을 교정하는 액센츄어에서 일을 하거나, MIT에서 소득 비율 모델을 구축했다. 텔레커뮤니케이션 회사를 창업했거나 솔크 연구소에서 천체물리학을 연구했다. 우리 사회가 풍족한 것은 대체로 가장 부유한 시민들이 부자들은 이럴 것이다 하는 대중의 통념대로 행동하지 않기 때문이다. 그냥 약탈만 해서는 절대 이런 종류의 라운지(세계화되고, 다양하고, 엄격하고, 테크놀로지에 익숙했다)를 지을 수 없다.

기껏해야 금을 바른 쾌락의 궁전이나 몇 동 지어놓고 다른 곳의 봉건적이고 후진적인 풍경은 그대로 두었을 것이다.

그럼에도 콩코드 룸으로 뿜어져 들어오는 정화된 공기 속에는 뭔가 모르게 신경을 건드리는 것이 맴돌고 있었다. 항공사의 전통적인 세 가지 클래스는 사람들의 진정한 재능과 장점을 기준으로 한 사회의 삼분법을 그대로 표현한다는 암묵적인 암시이다. 과거의 카스트 제도를 철폐하고 교육과 기회에 누구나 다가갈 수 있게 하려고 싸웠기 때문에, 우리는 가난만이 아니라 부의 분배에도 진정한 정의의 요소를 도입한 능력주의 사회를 구축한 것처럼 보인다. 근대에는 빈곤이 가련한 것일 뿐 아니라, 응당한 것이기도 하다. 따라서 어떤 식으로든 재능이 있고 숙련되었음에도 불구하고 왜 여전히 우아한 콩코드 룸에 들어갈 수 없느냐 하는 문제는 모든 이코노미 클래스 승객들이 세계 공항의 과밀하고 혼잡한 공용 대합실의 딱딱한 플라스틱 의자에 앉아 혼자 곰곰이 생각해보는 난제이다.

서양은 한때 어떤 종류의 라운지에도 들어가지 못하는 사람들에게 강력하면서도 포용력 있는 설명을 제공했다. 2,000년 동안 기독교는 근대 능력주의 체제에 내재한 관념, 즉 미덕이 반드시 물질적 성공을 가져다준다는 관념을 거부했다. 예수는 지고의 인간이자 가장 축복받은 존재였음에도 지상에 사는 동안 내내 가난했으며, 바로 이 예 자체가 올바름과 부 사이의 직접적인 등식을 배제하는 것이었다. 기독교 이야기는 우리의 교육적이고 상업적인 하부구조가 겉으로는 아무리 공정해 보여도, 무작위적 요인과 우연들이 늘 공모하여 부의 위계와 미덕 사이의 깔끔한 상응관계를 파괴할 수도 있다고 강조했다. 성 아우구스티누스에 따르면, 오직 하느님만이 각 개인의 가치를 알며, 하느님은 천둥과 천사들의 나팔 소리가 울려퍼지는 마지막 심판의 날 전에는 그 평가서를 공개하지 않는다. 믿지 않는 사람들에게는 공상적인 시나리오지만, 소득신고를 대충 보고 타인을 판단하는 일을 삼가야 한다는 사실을 잊지 않는 데는 도움이 되는 이야기이다.

기독교 이야기는 소멸한 것도 아니고 잊힌 것도 아니다. 나는 그것이 지금도 능력주의에 따른 특권의 설명에 흠집을 내고 있다는 사실을 분명하게 깨닫게 되었다. 점심을 푸짐하게 먹고 나서 시계풀 열매 셔벗과 더불어 초콜릿 케이크 한 조각으로 마무리를 한 뒤, 레기라는 이름의 직원이 나에게 필리핀의 푸에르토 프린세사 외곽의 한 빈민가에서 콩코드 룸의 가혹할 정도로 장식이 없는 직원실로

오게 된 복잡한 정황을 이야기해주었을 때였다. 결국 능력주의 체제와 기독교 신앙 체제 가운데 어느 쪽을 더 좋아하느냐에 따라 돌 같은 느낌을 주는 벽난로 옆에서 『월스트리트 저널』을 읽는 운동복 차림의 스물일곱 살짜리 기업가와 항공사 퍼스트 클래스 라운지의 욕실을 돌아다니며 샤워 부스에서 늘 변하는 다양한 국제적 박테리아 군체를 닦아내는 일을 하는 필리핀 청소부의 지위 사이의 상대적 관계를 어떻게 해석하느냐가 결정될 것이다.

6. 사용자 대부분은 터미널을 어딘가 다른 곳으로 갈 때 몇 시간을 보내야 하는 장소 정도로 여기지만, 다른 많은 사람들에게 이곳은 영구적인 사무실 역할을 하기도 한다. 일반인의 출입이 통제된 몇 개 층에는 1,000명이 넘는 관료가 들어와 일을 하고 있기 때문이다. 이 사람들이 하는 일은 노동을 통하여 자신의 정체성이 빠르고 기분 좋게 자신에게 반사되는 것을 보기 좋아하는 사람들에게는 어울리지 않는다. 이 터미널을 짓는 데는 약 20년이 걸렸으며, 50만 명이 동원되었다. 이제 마침내 문을 열었지만, 이곳

의 일은 여전히 답답하게 진행되며 위원회를 거치지 않으면 안 된다. 층층이 쌓인 직책들(운영자원 기획 매니저, 보안 훈련 및 기준 담당 어드바이저, 선임 HR 비즈니스 파트너)은 새 컴퓨터 스크린을 들이거나 벤치의 자리를 바꾸려고 할 때 거쳐야 할 위계의 계단을 보여준다.

그럼에도 다른 곳보다 눈에 잘 띄지 않는 사무실 몇 곳은 비행기가 세상을 돌아다니게 하는 일과 관련된 인력과 지능의 폭넓은 범위를 인상 깊게 보여준다. 영국항공 고객 경험과가 자리한 구역에는 객실 의자, 구명 재킷, 구토할 때 쓰는 위생 봉지, 박하사탕, 작은 타월이 가득했다. 기록 담당자는 퇴짜 맞은 샘플들로 가득한 방 하나를 관리했다. 그 샘플은 대부분 비용 문제로 거기에 처박히게 되었다. 딱히 항공사가 구두쇠라서가 아니라 그 구매 규모 때문이다. 의자 하나에 돈을 조금만 낭비해도, 그 의자 3만 개를 주문하는 구매 주문서를 작성할 때는 극적인 결과가 나타나는 법이다. 그 방을 돌면서 비행기 객실의 초기 디자인들을 꼼꼼히 살피며 받은 느낌은 출간된 책의 초고를 볼 때 받은 느낌과 비슷했다. 잘 다듬어진 당당한 산문도 처음에는 주춤거리는 혼란스러운 상태에서 출발했음을 확인하는 즐거움이었다. 무엇이 되었든 첫 시도에는 보편적으

로 적용될 수 있는, 위로가 됨직한 교훈이었다.

공항의 뒷방들을 보게 되자, 여행자들의 주의를 다른 데로 돌리고 그들을 즐겁게 하는 일에는 아낌없이 관심을 기울이면서 그들에게 여행에 관련되는 노동에 관한 교육을 하는 데는 거의 시간을 쓰지 않는 것은 잘못이라고 여겨져 못내 아쉬웠다.

사실 기내식이 어떤 맛인지 느끼는 것보다 어떻게 만들어지는지를 알아내는 것이 훨씬 더 재미있다. 그리고 훨씬 더 수고스럽기도 하다. 터미널에서 1킬로미터 정도 떨어진 스위스 회사 게이트 구르메 소유의 창문이 없는 냉각된 공장에서는 방글라데시와 발트 해 연안의 여러 나라들에서 온 여자들이 15시간 이내에 대류권 어딘가에서 먹게 될 아침, 점심, 저녁 8만 개를 만들고 있었다. 대한항공은 소고깃국을 내놓을 것이고, 일본항공은 연어 데리야키, 에어 프랑스는 당근 퓌레를 깔고 그 위에 치킨 에스칼로프를 깔아 내놓을 것이다. 나중에 항공사와 목적지에 따라 나뉠 음식이지만 지금은 터미널의 승객들처럼 아무렇게나 섞이고 있다. 따라서 두바이행 에미레이트 항공의 후머스 1,000개가 담긴 트레이가 일단 냉장실에 들어가, 스톡홀름까지 날아갈 스칸디나비아 항공의 그라블랙스가 가득한 트롤리 네

개 옆에 줄지어 있을 수도 있다.

기내식은 인공적인 것과 자연적인 것, 테크놀로지에 의존한 것과 유기적인 것 사이에 최대의 긴장이 이루어지는 지점에 자리잡고 있다. 아무리 빈혈증에 걸린 토마토(게이트 구르메에 있는 토마토들은 그 섬유질의 창백함이 매혹적이다)라고 해도 그것은 여전히 자연의 작품이다. 따라서 과거에는 겸손하게 자연의 발치에서 그해의 밀농사를 기념하는 추수 축제를 열고 땅의 지속적인 비옥함을 보장받기 위해서 동물 희생을 드렸던 반면, 지금은 우리의 과일과 채소를 직접 하늘로 가지고 올라가다니 참으로 이상하고 무시무시한 일이다.

지금은 과거처럼 땅에 엎드릴 필요가 없다. 짧은 시간이기는 하지만 한때 웨일스의 산비탈에서 태어나 방목되었던 양들의 뼈에 붙어 있던 고기

를 얇게 저민 묶음 2만 개가 차에 실려 창고에 들어가 있다. 이제 몇 시간이면 이 가운데 일부는 빵가루에 덮여 나이지리아 상공에서 사람 입에 들어갈 음식으로 변형될 것이다. 그러나 누구도 그 음식을 만든 리투아니아 출신의 스물여섯 살 난 루타는 떠올리지도, 그녀에게 감사하지도 않을 것이다.

7. 영국항공 비행 승무원들 또한 공항에 사무실을 두고 있다. 터미널 5의 운영실에는 조종사들이 저녁때까지 하루 종일 들락거리며 관리자들에게 몽골 상공의 날씨가 어떤지, 리우에서 연료를 얼마나 사야 하는지 묻곤 한다. 나는 틈을 노려 선임 부조종사 마이크 노콕과 인사를 했다. 그는 15년 경력의 조종사였으며, 전문가들이 예술적인 직업을 가진 사람들에게 보여주곤 하는 그 심술궂으면서도 관대한 미소를 보여주었다. 그의 앞에 서 있자니 아버지의 애정을 확신하지 못하는 아이가 된 기분이었다. 나는 조종사를 만나는 것이 점점 더 견디기 힘든 모욕적인 경험이 되어갈 운명임을 깨달았다. 나이가 들수록 내가 그들에게

서 그렇게 존경하는 미덕들, 그러니까 확고부동한 태도, 용기, 결단력, 논리, 상황을 파고드는 능력 등을 절대 얻을 수 없다는 사실, 뉴펀들랜드의 안개가 낀 땅에 777기를 착륙시키라는 요구를 받으면 틀림없이 울기부터 할, 늘 머뭇거리는 미숙한 피조물을 벗어나지 못할 것이라는 사실이 점점 더 분명해지기 때문이다.

    노콕은 항로도 몇 장을 가지러 운영실에 왔다. 그는 점보기를 타고 인도로 갈 예정이었는데, 우선 이란 북쪽 국경 상공의 날씨부터 확인하고 싶어했다. 그는 승객들이 모르는 것을 아주 많이 알고 있었다. 예를 들면 우리 일반인들은 태평하고 순진하게 색깔과 구름이 깔린 방식과 관련하여 평가하곤 하는 하늘에 사실은 코드가 붙은 비행 노선, 교차로, 합류점, 신호기가 종횡으로 깔려 있다는 사실을 알고 있었다. 오늘 그는 특별히 VAN115.2에 관심을 가졌다. 이것은 항공도 위의 작은 주황색 점이기도 하고 높이 2미터에 직경 5미터의 나무 창고이기도 했다. 이 창고는 터키 동부의 사람이 많이 살지 않는 골짜기 위쪽 밭 가장자리에 있었다. 이제 몇 시간 뒤면 노콕은 그 지점에서 왼쪽 갈래길을 타고 항로 R659로 들어설 터였다. 그 시간이면 그의 승객들은 점심을 간절히 고대하고 있을 것이다.

게이트 너머 141

그들이 먹을 라자니아는 게이트 구르메 공장에서 지금 만들고 있었다. 나는 그의 잘 깎아놓은 듯한 안정된 손을 보며, 그가 유년 이후 얼마나 멀리 왔는지 궁금해졌다.

노콕이 모든 상황에서 늘 권위적이고 가부장적인 행동의 모델일 수는 없다는 사실을 나는 적어도 이론적으로는 알고 있었다. 그 또한 성마름, 허세 같은 면을 보이고, 어리석게 행동하고, 무심코 배우자에게 잔인한 말을 던지고, 자식들을 이해하는 일을 태만히 할 것이 틀림없었다. 일상생활에는 항로 안내도가 없으니까. 그러나 이런 것을 알고는 있지만, 거기에 담긴 의미를 받아들이거나 이용하는 것은 망설여졌다. 어떤 직업은 우리가 일반적으로 가지고 있는 연약함에서 벗어나 다만 잠시라도 우리 대부분이 경험하지 못하는 더 감동적인 존재 수준으로 올라가게 해주는 능력이 있다고 믿고 싶었던 것이다.

8. 니의 고용수는 처음부터 터미널에서 가장 힘 있는 인물로 꼽히는 사람인 영국항공의 대표 윌리 윌시와 잠깐 인터뷰를 해보고 싶지 않느냐고 물었다. 그것은 움찔할 수밖에

없는 제안이었다. 월시는 아주 바쁜 사람이었기 때문이다. 그의 회사는 하루에 평균 160만 파운드를 손해보고 있었다. 지난 3개월간 총 1억 4,800만 파운드의 손해를 보았다. 그의 조종사와 객실 승무원들은 파업을 계획하고 있었다. 연구 결과에 따르면 유럽 전체에서 그의 회사의 수하물 담당자들이 수하물을 가장 많이 훔쳐갔다. 정부는 그의 연료에 세금을 매기고 싶어했고, 환경운동가들은 그의 담장에 자신들의 몸을 사슬로 묶었다. 그는 그가 발주했던 새로운 787기 선불금 지급을 예정대로 이행할 수 없다고 통보하여 보잉 사의 경영진을 격분하게 했다. 콴타스 항공과 이베리아 항공을 합병하려던 노력은 진퇴양난에 빠졌다. 그는 비즈니스 클래스에서 식후에 나누어주던 공짜 초콜릿을 없앴으며, 그 때문에 영국 언론이 사흘간 들끓었다.

저널리즘은 오래 전부터 인터뷰라는 관념에 매혹되었는데, 그 밑에는 접근에 대한 환상이 놓여 있다. 일반 대중이 접근할 수 있는 범위를 벗어난 곳에서 세상을 운영하느라 바쁜 머나먼 인물이 기자에게는 마음을 열고 가장 깊은 자아를 드러낸다는 환상. 청중은 신문 값이라는 입장료를 내면, 자신이 삶에서 속한 지위는 잊고 기자를 따라 궁이나 집무실로 들어오라는 초대를 받는다. 경호원들은 무기

를 내리고, 비서들은 손을 흔들어 방문객을 통과시킨다. 이제 우리는 내부의 성소에 들어와 있다. 기다리는 동안 한번 둘러본다. 대통령이 페퍼민트 화분을 책상 위에 두는 것을 좋아한다거나, 주연 여배우가 디킨스의 작품을 읽고 있었다는 것을 알게 되기도 한다.

그러나 비밀을 공유하게 될 것이라는 감질 나는 약속이 우리가 바라는 대로 이행되는 경우는 드물다. 저명한 인물은 기자와 친밀해지는 것에 거의 관심이 없기 때문이다. 그는 자신의 속을 털어놓을 더 좋은 사람들을 늘 대기시켜두고 있다. 새로운 친구는 필요 없다. 복수 계획이나 직업인으로서 자신의 미래에 관한 공포를 공개할 생각은 없다. 따라서 유명인사에게 인터뷰란 일반적으로 소파에 앉은 기자의 자기중심주의를 깨뜨리지 않으면서 — 자신의 사명이 아무런 의미가 없다는 사실을 너무 분명하게 깨닫게 되면 위험해질 수도 있으니까 — 가능한 한 말을 적게 하는 훈련 시간이 되고 만다. 상대의 가까워지고 싶은 욕구를 충족시키기 위한 노력으로, 인터뷰 대상은 휴가 때 플로리다에 갈 것이라거나 딸이 테니스를 배우는 중이라고 슬쩍 흘릴 수도 있다.

내가 윌시 씨에게 물어볼 수 있는 것 가운데 일반적인

의미에서 중요한 것은 전혀 없었다. 내가 연금, 탄소 배출, 우월적 가치, 심지어 많이들 아쉬워하는 초콜릿 문제를 제기하는 것은 무의미했다. 사실 이런 뻔한 통찰을 분명하게 말로 드러내는 것 자체가 무례해 보일 만한 단계까지 상황이 무르익지 않는다면, 우리가 만나는 것 자체가 아무런 의미가 없었다.

결국 우리는 월시 씨가 노동조합 대표를 만나는 시간과 에어버스 대표를 만나는 시간 사이에 회의실에서 40분 동안 만났다. 나는 마치 1943년 5월, 루스벨트와 처칠 사이의 해안 교두보 논의를 방해하게 된 듯한 기분이었다.

다행히도 나는 월시 씨가 세계 최대로 꼽히는 항공사의 CEO이기는 하지만 그를 단순한 사업가로만 다룬다는 것은 대단히 부당한 일일 것이라는 결론에 이르렀다. 그의 회사가 처한 대단히 위태로운 재정 상태는 그의 재능과 관심을 애처로울 정도로 부정확하게 반영하기 때문에, 나는 도저히 월시 씨와 그의 대차대조표를 동일하게 볼 수가 없었다.

응집력이 있는 하나의 산업으로서 민간항공 분야 전체를 생각해본다면 역사상 이 분야는 이윤을 낸 적이 없다. 이와 마찬가지로 의미심장한 일이지만, 책 출판도 마찬가지이다. 따라서 이런 의미에서 이 CEO와 나는 겉으로 보

기에는 차이가 있었음에도, 상당히 비슷한 업계에 있는 셈이었다. 둘 다 순이익이 아니라 영혼을 흔드는 능력으로 인류의 눈앞에서 자신을 정당화할 필요가 있었던 것이다. 시인을 인세 보고서로 판단하는 것이 부당한 것과 마찬가지로 항공사를 손익 계산서에 따라 평가하는 것도 부당해 보였다. 주식시장은 매일 세계 여러 항공사의 깃발 아래에서 일어나는 아름답고 흥미로운 수많은 순간에 절대 정확한 가격을 매길 수 없다. 공중에서 보는 노바스코샤의 광경을 묘사할 수도 없고, 홍콩 매표소에서 직원들이 누리는 동지애를 포착할 수도 없으며, 이륙할 때 아드레날린이 치솟는 흥분을 계량할 수도 없다.

월시 씨도 내 주장의 논리를 금방 이해했다. 사실 그 자신도 조종사 출신이었다. 그는 이야기를 하다가 비행기가, 그 거대하고 복잡한 기계가 하늘로 솟구치기 위해서 자신의 크기와 대기의 저항에 도전해야 한다는 사실에 감탄했다. 또 게이트에 있는 747기는 수하물 카트와 정비공들이 난장이처럼 작아 보일 정도로 큰데, 그런 괴물 같은 기계가 몇 미터라도 움직인다는 것, 하물며 히말라야 산맥을 가로지른다는 것에 놀랐다는 사실을 털어놓았고 나도 맞장구를 쳤다. 우리는 777기가 뉴욕을 향해 이륙한 뒤 스테

인즈 저수지 상공에서 앞으로 여섯 시간에 걸쳐 바다와 구름을 건너 약 5,000킬로미터를 나는 동안에는 사용할 필요가 없는—롱비치의 하얀 미늘벽 판자를 댄 집들 위에서 하강할 때나 다시 필요할 것이다—보조익과 날개를 접는 광경을 보는 기쁨을 이야기했다. 우리는 또 혼잡한 비행장의 아름다움에 감탄했다. 관심 있는 관찰자라면 그곳에서 터보팬 엔진이 일으키는 열기 때문에 피어오르는 아지랑이 사이로 여행을 시작할 순간을 기다리며 나란히 늘어선 비행기 무리들을 볼 수 있다. 수직 안전판들은 회색 지평선을 배경으로 색깔들이 일으킨 혼돈 같은 느낌을 준다. 마치 요트 경주에서 볼 수 있는 다채로운 돛 같다. 나는 다른 생에서라면 이 CEO와 내가 좋은 친구가 될 수 있을지도 모른다고 생각했다.

    서로 죽이 아주 잘 맞았기 때문에 월시 씨—그는 이제 나더러 윌리라고 부르라고 강권했다—는 아래층 로비로 내려가자고 했다. 그곳에 가면 새로운 A380기의 모델을 볼 수 있다는 것이었다. 그는 에어버스에 이 비행기 12대를 주문했으며, 2012년이면 이들이 영국항공 기단에 합류할 예정이었다. 모형 앞에 서자 윌리는 어린 아이처럼 즐거운 표정으로 나에게 벤치로 올라오라고 권했다. 그곳에

서면 이 제트기의 보조익이 얼마나 크고 동체의 폭이 얼마나 당당한지 느껴볼 수 있기 때문이었다.

어깨를 맞대고 함께 서서 모형 비행기에 감탄하는 동안 윌리에게 강한 친밀감을 느꼈기 때문에, 나는 대담하게도 히드로에 관한 책을 쓰는 권한을 처음 부여받은 이후 품어왔던 환상을 이야기했다. 그에게 언젠가 돈이 좀 남으면 나를 그의 비행작가로 임명하는 것을 고려해달라고 요청했다. 지구를 끊임없이 뱅뱅 돌면서 무엇보다도 나의 후원자에 대한 진지한 헌사, 조종실에서 본 오스트레일리아 서부 사막의 황토색을 묘사하는 인상주의적인 에세이, 남성 승무원들이 취사실에서 일을 하면서 보여주는 발레 같은 동작들을 이야기하는 짧은 글을 쓰고 싶었기 때문이다.

그 순간 잠시 정적이 흘렀다. 최고경영자의 녹색을 띤 멋진 회색 눈에서 쾌활한 표정이 사라졌다. 그러나 그 표정은 곧 돌아왔다. "물론이지요." 윌리는 활짝 웃었다. "한번은 에어링구스*의 비디오 시스템이 고장났습니다. 그래서 우리는 뉴욕으로 가는 길에 아일랜드의 음유시인 두 명을 초대하여 노래를 하게 했지요. 앨런**, 댁이 우리 승객

---

* 아일랜드의 항공사.
** 저자의 이름. Alain을 Alan으로 착각한 것.

들을 위해 객실 앞쪽에서 소곡을 부르는 모습이 눈에 선하군요." 윌리는 그런 예언 뒤에 내 귀중한 시간을 너무 많이 빼앗은 것에 사과를 하고 보안요원을 부르더니 나를 그의 회사 본부 정문까지 데려다 주라고 이야기했다.

9. 공항에 머문 지 얼마 지나지 않아, 저녁은 내가 그곳에서 가장 좋아하는 시간이 되었다. 물결이 치듯 오가던 단거리 유럽 비행기들은 8시 정도면 대부분 움직임을 멈추었다. 터미널은 점차 비어갔다. 캐비어 하우스는 마지막 철갑상어 알을 팔고, 청소 팀은 그날의 가장 꼼꼼한 바닥 걸레질을 시작했다. 여름이라서 앞으로 40분은 더 있어야 해가 졌다. 그때까지 라운지 전체에 노스탤지어를 품은 부드러운 빛이 큰물처럼 그득하게 들어찼다.

이 시간에 터미널에 남아 있는 승객 대부분은 매일 저녁 동양으로 떠나는 이런저런 항공편을 예약한 사람들이었다. 런던 북서부에 사는 사람들은 잘 모르고 살지만, 사실 이 승객들은 싱가포르, 서울, 홍콩, 상하이, 도쿄, 방콕으로 가는 길에 그들이 사는 집 위의 하늘을 가로지른다.

대합실의 분위기는 쓸쓸하다. 그러나 묘하게도 그 느낌은 자비롭다. 전체적인 분위기가 그렇기 때문에 혼자만 외로울 경우에 겪을 수도 있는 불편이 없고, 그래서 역설적으로, 혼잡한 도시의 술집이 분명히 더 쾌활하기는 하겠지만, 그런 환경에서는 가능하지 않을 것 같은 방식으로 새로운 만남을 시도하는 것이 가능해 보이기 때문이다. 밤이면 공항은 유목민의 정신을 이어받은 사람들의 본거지가 된다. 어떤 한 나라에 헌신할 수 없는 사람, 전통을 보면 뒷걸음질치고 안정된 공동체를 수상쩍게 여기는 사람, 따라서 다른 어느 곳보다 현대 세계의 중간지대에서, 등유 저장 탱크, 비즈니스 파크, 공항 호텔로 인해 풍경이 상처를 입은 곳에서 오히려 더 편안함을 느낄 수 있는 사람들이다.

밤이 오면 우리는 보통 노변(爐邊)으로 이끌리기 때문에, 자신을 어둠에 맡기고, 계기들에만 의존하여 날아가는 항공기에 실려, 마침내 아제르바이잔이나 칼라하리 사막 상공에 이르러서야 잠에 굴복할 준비를 하는 여행자들은 특별히 용감해 보인다.

터미널 옆의 관제실에는 위성들이 추적한, 영국항공의 모든 비행기들의 실시간 위치를 보여주는 거대한 세계지도가 있다. 지구 전역에 약 180대의 비행기가 떠 있으며,

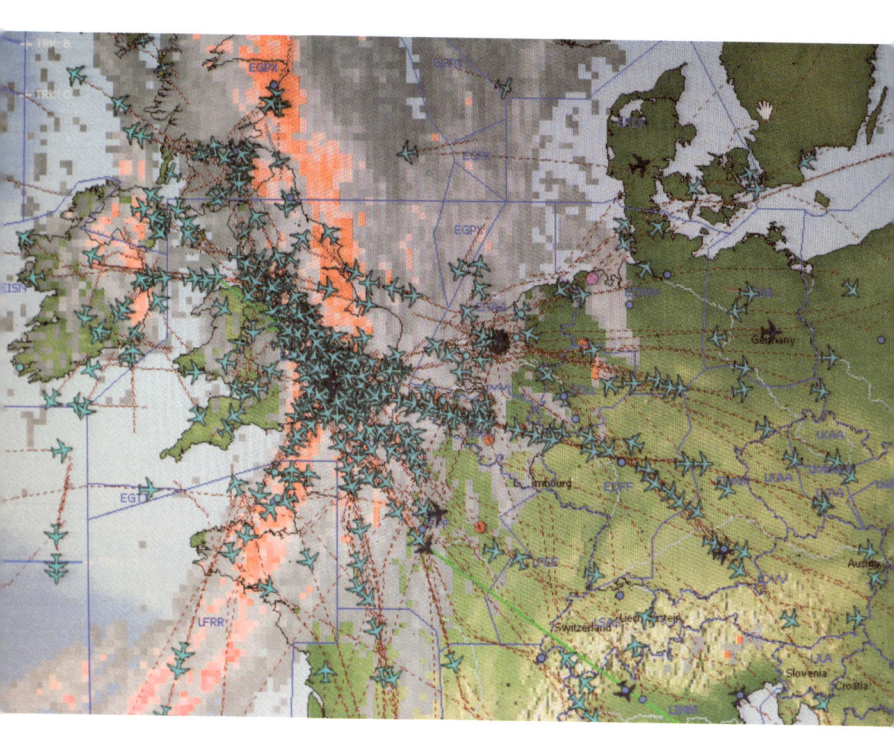

이들은 약 10만 명의 승객을 태우고 있다. 여남은 대는 북대서양을 가로지르고 있고, 다섯 대는 허리케인을 에둘러 버뮤다 서쪽으로 가고 있고, 한 대는 파푸아뉴기니 상공의 항로를 타고 가는 것이 보인다. 이 지도는 가슴 뭉클한 불침번을 상징한다. 각 비행기가 고향의 비행장에서 아무리 멀리 떠나 있다고 해도, 아무리 속박에서 벗어나 유능한 모습을 보여준다고 해도, 런던 관제실에 있는 사람들은 그들을 마음에서 결코 멀리 떠나보낸 적이 없다. 그들은 자식 걱정을 하는 부모처럼 자신이 책임지는 비행기 한대 한 대가 무사히 착륙하기 전에는 마음을 놓지 않는다.

매일 밤 비행기 몇 대가 게이트에서 거대한 격납고로 끌려가곤 한다. 그곳에 가면 건널판과 크레인들이 일련의 수갑인 양 그 유기체처럼 생긴 몸을 둘러싼다. 항공기는 자신은 그곳에 갈 필요가 없다고 수줍어하는 경향이 있다. 로스앤젤레스나 홍콩에서부터 먼 여행을 하고서도 자신에게 허용된 비행시간인 900시간의 끝에 이르렀다는 사실을 잘 드러내지 않는 것이다. 그럼에도 이런 점검은 그들이 개별성을 드러낼 기회를 준다. 승객들에게는 747기가 모두 똑같아 서로 구별할 수 없을 것처럼 보일지 모르지만, 점검과정에서는 별도의 이름과 병력(病歷)을 가진 하나의

기계로 드러난다. 예를 들면 G-BNLH는 1990년부터 날기 시작했는데, 그동안 대서양 상공에서 유압장치가 세 번 샜고, 샌프란시스코에서 타이어가 한 번 터졌으며, 바로 지난주에는 케이프타운에서 날개의 중요해 보이지 않는 부품 하나가 떨어졌다. 이제 격납고에 들어온 이 비행기는 다른 병과 더불어 고장난 좌석 12개, 벽 패널에 커다란 자주색 매니큐어 자국, 옆에 있는 세면대를 이용할 때마다 저절로 점화되는 뒤쪽 취사실의 고집 센 마이크로웨이브 오븐 등 다른 증상도 있었다.

30명이 밤새도록 이 비행기를 붙들고 일을 한다. 작업에 참여한 사람들은 모두 비행기는 대개의 경우 매우 관대하지만, 밸브 같은 아주 작은 것에 생긴 고장으로부터 시작된 일련의 사건이 비행기를 떨어뜨릴 수도 있다는 사실을 의식하고 있다. 부주의한 말 한마디에 그때까지의 경력 전체가 박살나고, 직경이 1밀리미터도 안 되는 혈전 때문에 사람이 죽기도 하는 것과 마찬가지이다. 나는 비행기의 몸통을 둘러싼 건널판을 따라 비행기 외부를 구경하다가 코의 원뿔에 손을 대보았다. 몇 시간 전까지만 해도 층층이 쌓여 꼼짝도 않는 적운을 가르고 길을 내던 코였다.

비행기의 가늘어지는 꼬리 그리고 RB211 엔진 네 대가

성이 나 열기를 분출하는 바람에 동체 뒤편에 남은 자국들을 살피면서, 혹시 우리 종의 수태방식이 조금 은근하고 덜 시끄러웠다면 과학자와 엔지니어들이 비행기와 그 이륙 수단을 지금과는 다르게 설계하지 않았을까 하는 생각이 들었다. 예를 들면 여성이 잎이 수북한 후미진 곳에 남겨둔 난자 위에 남성이 몇 시간 앉아 있는다든가 하는 식으로 마찰 없는 조용한 수태가 가능했다면.

10. 정부의 법령에 따라 매일 밤 11시 15분쯤이면 공항을 들고나는 통행이 모두 차단된다. 격납고 앞 비행장들도 갑자기 100년 전, 이곳에 양이 풀을 뜯는 초원과 사과밭밖에 없었을 때처럼 고요하다. 나는 테리라는 이름을 가진 사람과 만났다. 그의 일은 새벽에 활주로를 돌아다니며 잘못 떨어진 쇠붙이 조각이 없나 살피는 것이었다. 우리는 조종사들이 27L이라고 부르는 남쪽 활주로 끝의 한 지점까지 차를 타고 갔다. 테리는 이곳을 유럽에서 가장 비싼 부동산이라고 불렀다. 타이어 고무 자국으로 시커먼 바로 이 몇 제곱미터의 포장 활주로에서 하루 종일 40초 간격을 두

고 세계의 항공기가 영국 제도와 첫 접촉을 했다. 이곳은 비행기들이 영국 남부를 가로지르며 고대하던 바로 그 좌표였다. 아무리 안개가 짙게 깔려 있다고 해도 비행기의 자동 착륙장치는 이 지점에서 하늘로 쏘아올리는 활강진로 광선과 더불어 이 구역 — 두 줄의 하얀 빛이 그리는 평행선으로 강조되었다 — 의 중심에 바퀴를 가지런히 대라고 요청하는 전파를 포착할 수 있다.

그러나 약 1,000만 명의 평화와 고요를 혼자서 깨뜨릴 능력을 갖춘 이 활주로 구역은 지금 고요하기만 하다. 서둘지 않고 천천히 그곳을 가로질러 걸을 수도 있고, 심지어 그 중심선 위에 책상다리를 하고 앉고 싶은 유혹에 굴복할 수도 있다. 연결이 끊어진 고압 전선에 손을 대본다든가, 마취된 상어의 이빨을 손가락으로 쓸어본다든가, 쫓겨난 독재자의 대리석 욕실에서 손을 씻는다든가 하는 것과 비슷한 느낌일 것이다.

들쥐 한 마리가 풀에서 나와 종종걸음으로 활주로에 올라서더니, 지프의 전조등에 몸이 꿰뚫린 듯 잠시 그 자리에 가만히 서 있었다. 아이들 책에 자주 등장하는 종류의 쥐였다. 그런 책을 보면 빨간색 바탕에 흰색 체크무늬 커튼이 달린 작은 집에 사는 이런 쥐들은 늘 영리하고 선량

하다. 그와는 반대로 야비한 인간들은 어색한 느낌을 줄 정도로 덩치가 크고 자기 한계를 모른다. 쥐가 나타나자 달빛을 받는 활주로는 낙관적인 분위기로 물들었다. 인류가 비행을 끝내면, 아니, 나아가서 존재 자체를 끝내면, 지구는 우리의 어리석음을 말끔하게 흡수하고 더 겸손한 생명 형태들에게 자리를 내줄 능력을 여전히 잃지 않고 있는 것처럼 보였기 때문이다.

11. 테리는 나를 호텔에 내려주었다. 나는 너무 강한 자극을 받아 잠을 이룰 수가 없었다. 그래서 한잔 하러, 비행기가 연착된 승무원과 승객들이 자주 찾는 심야 바에 갔다.

테킬라를 베이스로 한 엄청난 크기의 애프터버너라는 칵테일을 마시다가 바르샤바 대학교에서 박사논문을 쓰고 있다는 젊은 여자와 이야기를 나누게 되었다. 그녀는 폴란드의 시인이자 소설가 지그문트 크라신스키에 관한 논문을 쓰고 있었는데, 그의 유명한 작품 『아가이-한(*Agaj-Han*)』(1834)과 그 작품에서 탐사된 비극적 주제들을 살펴보는 중이었다. 그녀는 20세기에 크라신스키의 명성이 낭

만주의 작가 아담 미츠키에비치 때문에 부당하게 빛이 바랬다고 주장하면서, 공산주의 시대에 의도적으로 부정되었던 폴란드 유산의 한 측면을 동포에게 다시 알리고 싶은 욕망에서 그런 연구를 시작하게 되었다고 설명했다. 그녀에게 무슨 일로 공항에 와 있느냐고 묻자, 그녀는 두바이에서 오는 친구를 만나러 왔는데, 비행기가 연착하는 바람에 오전 중반에나 착륙할 것 같다고 대답했다. 레바논 출신의 엔지니어인 그 친구는 지난 1년 반 동안 한 달에 한 번씩 메릴본의 개인 병원으로 후두암 치료를 받으러 왔다. 그는 올 때마다 소피텔 맨 꼭대기 층의 프레스티지 스위트로 그녀를 초대하여 하룻밤을 함께 보냈다. 그녀는 자신이 헤이스에 본부를 둔 에이전시에 등록이 되어 있다고 솔직히 털어놓으면서, 관계가 있다면 있다고 할 수도 있는 방백을 덧붙였다. 지그문트 크라신스키도, 쇼팽과 사랑을 나누기도 했던 델피나 포토츠카 백작부인과 3년에 걸쳐 연애를 했다는 것이었다.

나는 우리 종족이 짐승과 천사가 묘하게 결합된 연소성 혼합물이라는 느낌에 충격을 받고 새벽 3시에 방으로 돌아왔다. 새벽에 히드로에 도착할 첫 비행기는 지금 러시아 서부의 하늘 어딘가를 날고 있을 터였다.

IV 도착

1. 과거에는 도착하는 때라는 것이 있었다. 풍경이 조금씩 바뀌면 그에 맞추어 마음도 자연스럽게 변해갔다. 사막은 점차 키 작은 나무들에 길을 내주고, 긴 풀이 덮인 땅은 짧은 풀이 빽빽한 초원에 길을 내주었다. 이윽고 항구에 도착해 낙타에서 짐을 내리고, 세관을 굽어보는 방을 얻고, 기선을 타고 항해에 나섰다. 날치들이 배의 선체를 스치며 지나갔다. 승무원들은 카드놀이를 했다. 공기는 서늘해졌다.

그러나 요즘 여행자는 화요일에는 아부자에 있다가 수요일에는 히드로의 새 터미널의 보조 비행장 끝에 있을 수도 있다. 어제 점심에는 아프리카 뻐꾸기 소리를 들으며 우세 지구에서 튀긴 바나나를 먹었지만, 오늘 아침 8시에는 히드로에 와 있다. 기장은 코스타 커피 체인 옆의 게이트에서 777기의 쌍발 엔진을 끈다.

피로에도 불구하고 감각은 완전히 깨어나 모든 것을 흡수한다. 빛, 도로 표지, 바다 광택, 피부색, 쇳소리, 광고. 마약을 한 상태이거나, 갓난아기 또는 톨스토이가 된 것처럼 감각이 날카롭다. 갑자기 고향이 다른 어디보다 낯설게 느껴진다. 이제까지 돌아다녔던 다른 땅에 의해서 세세한 모든 것들이 상대화되었기 때문이다. 오부두 언덕의 새벽에 대한 기억에 비추어보면 이 아침 빛은 얼마나 색다른

지. 하이 아틀라스 산맥의 바람을 맞고 온 뒤에 이 녹음된 안내 방송은 얼마나 특별하게 들리는지. 루사카 거리 장터의 소음이 귀에 쟁쟁한 상태에서 두 여자 지상 근무원의 수다는 얼마나 불가해하게 영국적으로 들리는지(두 사람은 전혀 의식하지 못하겠지만).

이런 수정처럼 맑은 관점을 절대 포기하고 싶지 않다. 다른 현실, 튀니스나 하이데라바드에 존재하는 현실에 관해 알고 있는 것과 고향이 늘 균형을 이루게 하고 싶다. 여기 있는 어떤 것도 당연하지 않으며, 비스바덴이나 뢰양의 거리는 다르고, 고향은 많은 가능한 세계 가운데 하나에 불과하다는 것을 결코 잊고 싶지 않다.

2. 항공의 짧은 역사에서 도착이라는 행위를 제대로 기념할 만한 건축을 만나고 싶다는 방문자의 희망을 충족시켜주는 공항은 많지 않다. 햇볕에 달구어진 셰펠라 평원을 건너고 도둑이 들끓는 유대의 언덕들을 통과한 뒤에 마침내 거룩한 도시에 도착한 여행자들을 환영하던 예루살렘의 정교한 자파 문의 모범을 따르는 예는 거의 없다. 그러

나 터미널 5는 한번 도전해보고 싶어한다.

히드로의 예전 터미널에서는 독특한 카펫이 사람들 눈에 먼저 띄곤 했다. 녹색, 노란색, 갈색, 주황색이 소용돌이치는 듯하던 그 카펫 주위에는 늘 토사물, 선술집, 병원과 관련된 연상들이 떠도는 듯했다. 그러나 그와 대조적으로 이곳에는 멋진 회색 합성 타일이 깔려 있다. 차분한 청자색 색조의 유리창이 달린 회랑은 환하게 밝다. 화장실에는 묵직한 목재로 이루어진 완전한 크기의 칸막이 문이 달려 있고, 품위 있는 위생도기들이 눈에 띈다.

이 구조물은 영국에 대한 새로운 관념을 제시한다. 테크놀로지에 순응하고, 더는 과거에 속박되지 않고, 민주적이고, 관대하고, 지혜롭고, 심술이나 비꼼과는 관계없는 장난기가 느껴지는 나라. 물론 이 모든 것은 단순화이다. 서쪽과 북쪽으로 20킬로미터 떨어진 곳에는 이 터미널의 벽과 천장이 암시하는 그런 모든 느낌을 즉시 반박할 만한 깔끔한 작은 마을과 황폐한 단지들이 있다.

그럼에도 제프리 바와의 콜롬보 의사당이나 요른 웃존의 시드니 오페라 하우스, 리처드 로저스의 터미널 5는 정체성을 단지 반영만 하는 것이 아니라 창조하고자 하는 모든 야심만만한 건축의 특권을 행사한다. 이 건축물은 승객

이 그 공간 안에서 보내는 한 시간 정도의 시간 — 객관적으로 보자면, 여권에 도장을 찍고 수하물을 찾는 시간 — 에 현재 영국의 안쓰러운 모습보다 언젠가 될 수도 있는 모습을 제시하고 싶어한다.

3. 비행기가 착륙한 뒤 도착한 승객들은 잠깐 걸어, 되도록 자신의 사법적 무게가 느껴지지 않게 하려고 애를 쓰는 방에 들어서게 된다. 이곳에는 바리케이드도, 총도, 단단하게 지은 초소도 없다. 머리 위에 조명이 들어온 안내판이 있고, 바닥에 가느다란 화강암 금이 있을 뿐이다. 권력은 이곳에서 자신만만하다. 출생이라는 우연에 의해서 특권을 누리며 이곳을 비켜가는 사람들에게는 삼가며 모습을 드러내지 않을 만큼 자신이 있다. 청소 팀은 하루에 세 번 이곳을 찾아와 경계선에 비질을 한다. 이 금의 한쪽 편에는 비행기라는 무인지대가 있다. 반대편에는 구색을 갖춘 약국, 자비로운 모기, 대출에 너그러운 도서관, 하수 처리시설, 대영제국의 방문자나 거주자 모두 이용할 수 있는 누름단추 신호식 횡단보도가 있다.

그러나 컴퓨터를 한 번 두드리는 순간 불행하게도 그 모든 암묵적인 약속들이 때 이르게 박살날 수도 있다. 경비원이 호출되고, 곤경에 처한 여행자는 입국 수속장에서 두 층 아래에 있는 사무소로 자리를 옮기게 된다. 이곳의 시설 가운데 특히 아이들 놀이방을 보면 가슴이 싸해진다. 이곳에는 브리오 기차, 레고 시티 블록 대부분, 카렌다쉬 펜 한 상자 그리고 여기에 새로 격리되는 아이가 가져가도 되는 스낵 한 봉지와 플라스틱 동물들이 있다.

따라서 에리트레아나 소말리아 출신의 어떤 아이들의 상상 속에서 영국은 늘 잠깐 스쳐간 나라, 감자 칩, 젤리 한 봉지, 네모난 오렌지 주스 상자의 나라로 남아 있을 것이다. 아주 돈이 많아서 작은 디지털 알람시계를 공짜로 줄 수 있는 나라, 나무 기찻길을 조립할 줄 아는 경비원들이 있는 나라. 옆방은 이 방보다 장식이 훨씬 더 간소하며 경찰의 녹음기가 모든 말을 녹음하고 있다. 그 방에서 그들의 부모는 이민국의 냉담한 직원에게 통과되지 않은 입국 서류의 내용을 요약 설명하며 이 나라의 또다른 면을 경험한다.

4. 역사상 짐을 찾는 곳에서 즐거운 순간을 경험하는 경우는 거의 없다. 물론 터미널의 수하물 찾는 곳을 담당하는 직원들은 그곳을 이용하는 사람들이 낙관적인 태도를 잃지 않도록 최선을 다하고 있지만.

이곳은 지붕이 높고, 콘크리트를 부어 만든 벽은 흠 하나 없으며, 카트는 넘쳐난다. 더욱이 가방들은 빠른 속도로 쏟아져 들어온다. 컨베이어 벨트를 책임지는 네덜란드의 판데르란데 산업은 우편 주문과 소포 배송 부문에서 명성을 쌓은 뒤, 이제는 수하물 운송에서 세계 최고의 자리에 올랐다. 터미널 밑으로 무려 17킬로미터에 이르는 컨베이어 벨트가 달리는데, 시간당 1만2,000개를 처리할 능력을 갖추었다. 140대의 컴퓨터가 꼬리표를 스캔하여 각 수하물이 갈 목적지를 결정하면서 동시에 폭발물 확인도 한다. 기계들은 인간이 보여주기 힘든 수준으로 수하물을 잘 돌본다. 승객이 비행기를 갈아타는 동안 기다려야 하는 수하물은 로봇이 살며시 기숙사로 옮겨 노란 매트리스에 눕힌다. 이곳에서 수하물은 위의 라운지에 있는 주인과 마찬가지로 비행기가 받아들여줄 때까지 늘어져 있을 수 있다. 아마 이들은 주인보다 더 흥미로운 여행을 한 뒤에 벨트에서 내리게 될 것이다.

그럼에도 수하물과 재결합을 할 때면 회복할 수 없을 정도로 우울한 느낌이 찾아온다. 거추장스러운 것들로부터 벗어나 공중에서 몇 시간 동안 밑에 보이는 해안과 숲에서 자극을 받으며 희망찬 계획을 세우던 승객들은 수하물을 찾는 곳에서 빙글빙글 돌아가는 벨트를 보면 자신의 존재와 관련된 물질적이고 부담스러운 모든 것을 떠올리게 된다. 수하물 찾는 곳과 비행기라는 대조적인 두 영역은 어떤 본질적인 이중성을 상징한다. 물질과 영혼, 무거움과 가벼움, 몸과 영혼의 이분법이 존재하는 느낌이다. 이 방정식에서 음의 기호가 붙은 반은 모두 판데르란데의 절묘한 컨베이어 장치의 터널과 벨트를 따라 쉼 없이 움직이는, 거의 똑같은 검은색 샘소나이트 가방들의 흐름과 연결되어 있다.

수하물을 찾는 곳 주변은 마치 교통체증에 걸린 로마의 도로 같다. 카트들은 냉혹하게 서로 단 1센티미터도 양보하지 않으려고 한다. 각각의 가방은 밀도 높은, 또 매혹적일 수도 있는 개성의 창고이지만 — 이 가방에는 석회 색깔의 비키니와 아직 읽지 않은 『문명 속의 불만(*Civilization and Its Discontents*)』이 들어 있고, 저 가방에는 시카고 호텔에서 훔쳐온 드레싱 가운과 로슈 우울증 약 한 상자가 들어 있다 — 이곳은 다른 사람을 생각해줄 장소는 아닌 것이다.

5. 그러나 수하물 찾는 곳은 공항의 감정적 클라이맥스의 서막일 뿐이다. 아무리 외롭고 고립된 사람이라도, 아무리 인류에게 비관적인 사람이라도, 월급을 줄 걱정에 시달리는 사람이라도, 도착했을 때 누군가 의미 있는 사람이 맞으러 나와주기를 기대하지 않는 사람은 없다.

우리가 사랑하는 사람이 일을 하느라 바빠서 나오지 못할 것이라고 분명히 말했다고 해도, 우리가 애초에 여행을 떠난 것에 불만이 있어 보기도 싫다는 말을 했다고 해도, 지난 6월에 우리 곁을 떠났거나 12년 반 전에 죽었다고 해도, 그래도 그들이 나와주었을지도 모른다는 기대감, 그냥 우리를 깜짝 놀라게 하고 우리가 특별한 사람이라는 것을 느끼게 해주려고(우리가 작은 아이였을 때 누군가 가끔이라도 그렇게 해주었을 것이며, 그런 일이 없었다면 우리는 절대 여기까지 올 힘을 낼 수 없었을 것이다) 나와주었을지도 모른다는 기대감에 몸을 떨지 않을 수가 없다.

따라서 우리는 도착 라운지로 나아가면서 얼굴에 어떤 표정을 지어야 할지 도무지 알 수가 없다. 세계의 익명의 공간들을 헤매고 다니는 동안 우리가 보통 취하는 엄숙하게 경계하는 태도를 곧바로 버리는 것은 무모할지도 모른다. 그러나 적어도 희미한 미소를 지을 여지는 남겨두는

것이 지극히 당연한 일로 여겨지기도 한다. 그러므로 상사가 농담을 할 때 웃어야 할 대목이 언제 나오나 귀를 기울이는 사람들이 보통 짓는 명랑하면서도 모호한 표정으로 타협을 보는 것이 좋을지도 모른다.

그러다가 환영하러 나온 사람들을 훑어보는 12초 동안 우리가 정말로 이 행성에 혼자이며, 히드로 특급 열차를 타기 위해서 매표기 앞에 길게 서 있는 줄 외에는 달리 갈 곳이 없다는 사실이 분명해지는 순간 어떤 망설임을 드러내지 않으려면 도대체 얼마 만큼의 위엄을 소유해야 하는가. 불과 2미터 떨어진 곳에서 아마 인명구조 산업에 종사하는 듯한 평상복 차림의 젊은 남자가 진지하고 사려 깊게 생긴 젊은 여자로부터 기뻐서 발작을 일으키는 듯한 환영을 받고, 급기야 그의 입술이 그녀의 입술과 뜨겁게 만날 때도 무심할 수 있으려면 도대체 얼마나 성숙해야 하는가. 잠시만이라도 따분하기 짝이 없는 나 자신이 아니라, 고등학교를 졸업하고 1년 쉬는 동안 피지와 오스트레일리아를 돌아다니다가 마침내 로스앤젤레스로부터 귀국하여 헌신적인 부모, 쾌활한 고모, 기뻐하는 누나, 두 여자친구, 풍선에 둘러싸여 버밍엄 남부 외곽의 집으로 가는 개빈이라는 아이가 되었으면 좋겠다는 생각이 들지 않으려면 도대

체 얼마나 분명한 현실 감각이 필요한가.

도착 라운지에는 왕자라도 부러워할 만한 환영 형식들이 있다. 베네치아의 부두 근처에서 열렸던 비단길 탐험가들의 환영식도 이에 비하면 우습게 여겨질 듯하다. 공식적 지위나 눈에 띄는 자질이 없는 평범한 개인들, 비행기 비상구 옆에서 22시간 동안 눈에 띄지 않게 앉아 있던 승객이 이제 수줍음을 떨쳐버리고, 깃발, 펼침막, 장식 리본, 제각각으로 생긴 집에서 구운 초콜릿 비스킷의 환영을 받는 주인공이 된다. 환영객들 뒤에서는 커다란 기업의 경영자들이 빙산처럼 움직이는 리무진을 타고 대리석과 난초로 장식된 호사스러운 호텔 로비로 떠날 준비를 하고 있다.

현대 사회에 널리 퍼진 이혼 때문에 부모와 자식이 공항에서 재결합하는 모습은 끊임없이 눈에 띈다. 이런 맥락에서 냉정하거나 금욕적인 척하는 것은 이제 소용없다. 지금은 연약하지만 통통한 어깨를 꼭 끌어안고 무너지며 눈물을 뿌릴 시간이기 때문이다. 우리는 사회 생활에서는 힘과 강인함을 투사하며 많은 시간을 보낼 수도 있지만, 결국은 지독하게 연약하고 위태로운 피조물들이다. 우리는 더불어 사는 수많은 사람들 대부분을 습관적으로 무시하고 또 그들 역시 우리를 무시하지만, 늘 우리의 행복의 가능성을 볼모로 잡고 있는 소수가 있다. 우리는 그들을 냄새만으로도 인식할 수 있으며, 그들 없이 사느니 차라리 죽는 쪽을 택할 것이다. 초조하게 텅 빈 표정으로 어슬렁거리는 남자들이 있다. 반 년 동안 이 순간을 고대해온 남자들이다. 자신의 눈을 빼다 박은 듯 잿빛이 감도는 녹색 눈에 할머니의 뺨을 물려받은 작은 소년이 공항 직원의 손을 잡고 스테인리스스틸 문 뒤에서 나타나자 그들은 더 자제를 하지 못한다.

그런 순간이면 죽음을 피한 듯한 느낌이 든다. 그러나 죽음을 영원히 계속 속일 수는 없을 것이라는 느낌도 공존하며, 그 때문에 이 장면이 더욱 가슴 아리다. 어쩌면 이것도 죽을 운명에 대비해 연습을 하는 한 가지 방법인지 모른다. 언젠가 지금으로부터 긴 세월이 흐른 뒤, 어른이 된 자식은 일상적인 출장을 떠나기 전에 늘 아버지에게 작별 인사를 할 것이며, 그러다 집행유예는 어느 순간 끝이 날 것이다. 한밤중에 멜버른의 한 호텔의 20층에 있는 방으로 전화가 걸려와, 세계 반대편에서 아버지가 치명적인 발작을 일으켰으며, 의사들은 더 해줄 수 있는 일이 없다는 소식을 듣게 될 것이다. 그날 이후 이제 어른이 된 소년은 도착 라운지에 늘어선 사람들 속에서 늘 빠져 있는 얼굴 하나를 그리워하게 될 것이다.

6. 모든 만남이 그렇게 감정적인 것은 아니다. 상하이에서 온 어떤 사람은 맬컴과 마이크를 만나 여름 동안 영어를 배울 본머스로 가게 될 것이다. 그는 부두 근처의 아침을 제공하는 하숙집에서 두 달을 머물면서, 교사로부터 정기적으로 수업을 받으며 "aught"의 사용법을 배우는 등 업무용 영어를 익히려고 노력할 것이다. 펄 강 삼각주의 반도체와 섬유 산업에서 미래의 일자리를 얻기 위해서 영어 중에서도 특별히 이 하위범주에 속하는 것을 배우려는 것이다.

무함마드는 샌프란시스코에서 오는 크리스를 기다리고 있다. 무함마드는 원래 라호르 출신으로 지금은 사우스올에 자리를 잡았다. 크리스는 오리건 주 포틀랜드 출신으로 지금은 실리콘 밸리에 산다. 그렇다고 두 사람이 서로에게서 이런 자세한 이력을 알아내려는 시도를 할 것이라는 뜻은 아니다. 자칫 아무도 살지 않았을 수도 있는 우주에서 한 인간이 검은 메르세데스 S클래스 세단의 정적 속에 다

른 인간과 함께 앉아 있는 일이 이렇게 쉽게 이루어질 수 있다니 얼마나 이상한 일인가. 운전자와 승객 모두 상대가 살인자나 도둑이 아니라는 것이 판명나기만 하면 이 짧은 여행을 성공으로 여길 것이다. 한 시간 반 남짓한 고요한 시간 동안 다음 교차로에서 좌회전이나 우회전을 하라는 전자음 명령만이 이따금씩 들려올 뿐이다. 마침내 메르세데스는 캐너리 워프의 전면이 유리로 덮인 사무용 건물에 이를 것이다. 크리스는 이곳에서 경제자료의 저장에 관한 회의에 참석할 예정이다. 무함마드는 터미널로 돌아가 또 다른 여행을 시작할 것이다. 이번에는 나리타의 K씨 — 크리스와 다름없이 신비하고 말도 없다 — 와 함께 켄트에 가야 한다.

7. 관습적인 재결합은 많은 경우 그들의 흥분 수준이 어떻게 계속 유지될 수 있을까 하는 의문을 품게 만드는 것 같다. 마야는 12시간 동안 이 순간을 기다렸다. 그녀는 비행기가 아일랜드 해안을 가로질렀을 때부터 가슴이 두근거렸다. 그녀는 9,000미터 상공에서부터 지안프랑코의 손길

을 고대했다. 그러나 마침내 8분 동안 지속된 포옹이 끝나자, 이들에게는 다른 선택의 여지가 없었다. 이제 가서 그의 차를 찾아야 할 시간이었다.

종종 삶이 우리가 가는 길에, 그것도 우리의 가장 강렬하고 진심 어린 만남이 이루어지는 몇몇 현장에서 아주 가까운 곳에 남녀 관계에 가장 큰 장애로 꼽히는 것을 가져다 놓는 것을 보면 묘하다는 느낌이 들지만, 결국은 잘 어울린다는 생각도 든다. 이들은 이제 돈을 내고 몇 층짜리 주차장에서 길을 잃지 않고 빠져나가야 하는 것이다.

그러나 주차장의 가차 없는 형광등 불빛 밑에서 시민답게 행동하려고 노력하면서, 우리는 애초에 여행을 떠났던 이유를 떠올릴 수도 있다. 일상생활에서 쉽게 말려들곤 하던 천박하고 성난 분위기에 제대로 저항할 수 있는 길을 찾아보자는 것 아니었던가.

주차장이라는 아주 가혹한 배경 — 타이어 자국과 기름 얼룩으로 훼손된 콘크리트 바닥, 버려진 카트가 어지럽게 놓여 있는 주차 구획, 쾅 닫히는 문과 가속을 하는 차량들이 내는 자기주장 강한 소리들이 메아리치는 천장 — 은 최악의 가능성으로 다시 미끄러져 들어가는 것에 대비해 마음을 단단히 먹으라고 촉구한다. 우리는 우리가 찾아갔

던 여행지들에 부탁할 수도 있다. "내가 더 관대해지고, 덜 두려워하고, 늘 호기심을 느끼도록 도와줘. 나와 내 혼란 사이에 틈이 벌어지게 해줘. 나와 내 수치감 사이에 대서양 전체를 넣어줘." 지혜로운 여행사라면 우리에게 그냥 어디로 가고 싶으냐고 물어보기보다는 우리 삶에서 무엇을 바꾸고 싶으냐고 물어볼 수도 있을 텐데.

결단의 전조로서의 여행이라는 개념은 한때 종교적 순례의 핵심적인 요소였다. 순례는 내적 진화를 촉진하고 강화하기 위한 노력의 일환으로 수행하는 외부 세계 답사로 규정되었다. 기독교 이론가들은 순례의 위험, 불편, 비용은 전혀 걱정하지 않았다. 이런 것들이나 다른 눈에 보이는 불리한 점들이 오히려 여행의 영적 동기를 더 생생하게 기억나게 해주는 메커니즘이라고 여기기 때문이다. 알프스의 눈에 갇힌 고개, 이탈리아 해안의 폭풍, 몰타의 산적, 부패한 오스만 제국의 경비병들, 이 모든 것이 이 답사를 쉽게 잊지 못하도록 도와주는 시련에 불과했다.

따라서 다양하고 편리한 항공 여행이 아무리 많은 혜택을 주더라도, 우리는 그것이 여행으로 우리의 삶에서 지속적인 변화를 만들어내고자 하는 시도를 슬며시 좌절시킨다고 저주를 할 수도 있다.

8. 짐을 쌀 시간이다. 소피텔로 통하는 연결 복도에서 공항 직원이 아직은 똑같은 피고용자인 나를 가로막았다. 그 직원은 새로 도착한 승객들에게 설문조사를 하고 있었다. 표지판에서 조명, 식사에서 여권에 도장 찍기에 이르기까지 터미널의 인상을 묻는 것이었다. 응답은 0부터 5까지 점수로 기록해야 했으며, 그 결과는 요약하여 히드로의 최고경영자가 위임한 내부 평가에 포함할 예정이었다. 하지만 이 인터뷰가 이렇게 길 필요가 있나 하는 의문이 들었다. 영향력 있는 당국자들에게 접근할 권한이 있는 시장조사원들이 우리 삶에서 더 흔하게 마주치는 곤혹스러운 문제들을 놓고 설문조사를 하는 것도 아닌데. 0부터 5까지 점수를 주는 것으로 하고, 결혼생활을 얼마나 즐기고 있는가? 우리 직업에 관해서는 어떻게 느끼는가? 언젠가 죽을 것이라는 생각은 어떻게 감당하는가?

호텔 라운지에서 회사가 비용을 대주는 마지막 클럽 샌드위치를 주문했다. 머리 위를 지나가는 비행기들이 유난히 시끄러웠다. 너무 시끄러워서 베이루트로 가는 MEA(Middle East Airlines) 소속 에어버스가 이륙하는 순간 웨이터가 소리쳤다. "하느님 맙소사!" 그 바람에 나 그리고 나 외에 그곳에서 식사를 하던 유일한 손님은 깜짝 놀랐다. 방글라데시에서 캐나다로 가는 길에 잠깐 내린 사업가였다.

나는 다시 집을 떠날 핑계가 절대 생기지 않을 것 같아 걱정이 되었다. 작가들이 가정 내의 경험을 넘어서 밖을 내다보는 것이 참으로 어려운 일이라는 생각도 들었다. 그래서 현대 생활의 중심을 이루는 다른 기관에 상주하는 꿈을 꿔보았다. 은행, 핵발전소, 정부기관, 양로원 같은 곳. 그런 곳에서 여전히 무책임하고, 주관적이고, 약간 별나면서도 세상에 대한 보고가 담긴 글을 쓰는 꿈을.

9. 승객들이 도착 라운지에서 여행을 마무리하고 있을 때, 위층의 출발 라운지에서는 다른 사람들이 새로 출발할 준비를 하고 있었다. 뭄바이발 BA 138편은 시카고행 BA 295편으로 바뀌고 있었다. 승무원들은 흩어졌다. 기장은 햄프셔로 차를 몰고 갔다. 사무장은 기차를 타고 브리스톨로 가고, 비행기 위층 객실을 관리하던 남성 승무원은 벌써 유니폼을 벗고(그래서 마치 군복을 벗은 군인처럼 시시해 보였다) 레딩의 아파트로 향하고 있었다.

여행자들은 곧 여행을 잊기 시작할 것이다. 그들은 사무실로 돌아갈 것이고, 거기에서 하나의 대륙을 몇 줄의 문장으로 압축할 것이다. 배우자나 자식과 다시 말다툼을 시작할 것이다. 영국의 풍경을 보며 그것을 대수롭지 않게 여길 것이다. 매미를 잊고, 펠로폰네소스 반도에서 보낸 마지막 날 함께 품었던 희망을 잊을 것이다.

그러나 오래지 않아 다시 두브로브니크와 프라하에 흥미를 느끼게 될 것이다. 해변과 중세의 거리가 주는 힘을 다시 순수한 눈으로 바라볼 것이다. 내년에는 어딘가에 별장을 빌려야겠다는 생각을 또 해보게 될 것이다.

우리는 모든 것을 잊는다. 우리가 읽은 책, 일본의 절, 룩소르의 무덤, 비행기를 타려고 섰던 줄, 우리 자신의 어리석음 등 모두 다. 그래서 우리는 점차 행복을 이곳이 아닌 다른 곳과 동일시하는 일로 돌아간다. 항구를 굽어보는 방 두 개짜리 숙소, 시칠리아의 순교자 성 아가타의 유해를 자랑하는 언덕 꼭대기의 교회, 무료 저녁 뷔페가 제공되는 야자나무들 속의 방갈로. 우리는 짐을 싸고, 희망을 품고, 비명을 지르고 싶은 욕구를 회복한다. 곧 다시 돌아가 공항의 중요한 교훈들을 처음부터 다시 배워야만 하는 것이다.

감사의 말

다음 분들에게 진심으로 감사한다. 미스치프의 댄 글로버(처음 아이디어를 냈다), 샬럿 허틀리, 세브 딜리스턴. BAA의 콜린 매튜스, 캣 조던, 클레어 러브레이디와 커뮤니케이션즈 팀, 마이크 브라운과 오퍼레이션즈 팀. 히드로의 소피텔, 영국항공, 게이트 구르메, 영국 국경 검문소, OCS. 프로파일 북스의 대니얼 크루, 루스 킬릭, 폴 포티. 교정 교열을 봐준 레슬리 레빈, 도로시, 스트레이트, 피오나 스크린. 멋진 사진을 찍어준 리처드 베이커. 디자인을 맡아준 조애너 니메이어와 데이비드 피어슨. 파일로트 일을 맡아준 캐럴린 도니와 니콜 아라기. 또 한 번 8월을 망친 것을 감수한 샬럿, 새뮤얼, 솔. 텍스트에서 몇몇 이름은 신원 보호를 위해서 가명을 사용했다.

옮기고 나서

알랭 드 보통에게 조금만 익숙한 사람이라면, 그에게 공항이 얼마나 중요한 자리를 차지하는지 알 것이다. 돌이켜보면 클로이를 처음 만난 곳도 비행기 안이 아니었던가. 실제로 공항은 여행의 출발점이자 도착점이기도 하고, 각 사람의 지위와 그에 따른 불안이 드러나는 곳이기도 하며, 현대 건축의 백미이기도 하고, 일의 기쁨과 슬픔이 녹아 있는 곳이기도 하다. 그러니 화성인이 온다면 구경시켜 주어야 할 가장 중요한 장소로 공항을 꼽는다는 저자의 말은 전혀 농담이 아닌 것이다. 다시 말하면 공항은 저자의 생각과 감정을 가장 강하게 자극할 수 있는 공간인 셈이다. 랭보의 『지옥에서 보낸 한 철』을 연상시키는 제목을 달고 나온 이 책은 저자가 그런 핵심적인 공간에서 일주일을 보낸 기록이다. 아예 공항 한복판에 책상을 가져다놓고, 공항 옆에 붙은 호텔에 묵으며 살았다는 것이다. 따라서 얼핏 소품으로 보이는 이 책이 실은 겹겹이 쌓인 커다란 부피의 사유와 감정을 강한 압력으로 눌러 만들어낸 반짝거리는 작은 보석과 비슷하다고 말한다 해도 심한 과장은 아닐 것이다. 옮긴이는 개인적으로 알랭 드 보통이 한 바퀴 원을 그리며 출발했던 지점으로 되돌아온 듯한 느낌이 든다. 물론 그것은 평면 위의 원이 아니라, 상승 나선운동을 하는 원이지만. 자, 여기서 어디로 치고 나갈지, 자못 궁금하다.

2009년 12월
정영목